Scheidung, Trennung – was tun ?

Der Autor:

Dr. Michael Scheele ist als Rechtsanwalt in München tätig.

Neben zahlreichen Artikeln als Kolumnist großer Zeitschriften
(z. B. *Capital, Impulse, Freundin, Madame, Quick, Bunte*)
hat er eine Reihe von Büchern veröffentlicht:

Unser tägliches Recht von A – Z (Forum Verlag)

Was kostet mein Recht? (Goldmann Verlag)

Ratgeber Recht (Heyne Taschenbuch)

Wilde Ehe oder Trauschein (Knürr's Wegweiser Nr. 6)

Als Co-Autor:

Unser Recht (C. H. Beck Verlag)

Michael Scheele

Scheidung, Trennung – was tun ?

Problemlösungen bei Ehen mit und ohne Trauschein

Knürr Verlag

Für Maximilian,
geboren am 7. Mai 1991

© 1991, Alois Knürr Verlag GmbH, München
Sperberstr. 23, 8000 München 82
Tel. 089-430 90 23, Fax 089-439 29 86
Alle Rechte vorbehalten.

Lektorat und Herstellung:
Redaktionsbüro Burgauner, München
Umschlag: Franz Wöllzenmüller
Druck: Graph. Großbetrieb Pössneck
Ein Mohndruck-Betrieb
ISBN 3-928432-06-0

Inhalt

Rechtliche, insbesondere vermögensrechtliche Folgen einer Trennung

Die Frage nach dem Grund ihrer Trennung beantwortete unlängst ein unverheiratetes Paar den verdutzten Reportern einer amerikanischen Fernsehgesellschaft so: Wir haben uns in den vier Jahren unserer Lebensgemeinschaft so richtig gut kennengelernt, das reicht uns.

Es gibt wenige verläßliche Anhaltspunkte dafür, warum nahezu ein Drittel aller bundesdeutschen Ehen geschieden wird. Ebensowenig lassen sich die Gründe für die Trennung "wilder Ehen" statistisch erfassen. In einer Meinungsumfrage (des Allensbacher Instituts) wurde jedoch die Antwort auf eine andere interessante Frage offenbar. Wann gehen die meisten Ehen in die Brüche?

nach 1 – 2 Jahren	12 %	nach 11 – 20 Jahren	25 %
nach 3 – 5 Jahren	25 %	nach mehr als 20 Jahren	6 %
nach 6 – l0 Jahren	25 %	keine Angaben	7 %

Vergleichbare zuverlässige Zahlen darüber, wann *trauscheinlose Lebensgemeinschaften* auseinanderbrechen, existieren nicht. Schätzungen zufolge ist jedoch die "Scheidungsquote" bei eheähnlichen Gemeinschaften erheblich größer. Auf der Suche nach den Gründen für die höheren Trennungsziffern bei "wilden Ehen" wird man, sicherlich ohne großen Widerspruch aus den Reihen der Ungetrauten, drei Fakten für die größere Trennungsbereitschaft in freien Lebensgemeinschaften verantwortlich machen können:

- Im Gegensatz zur Zivilehe kann die "wilde Ehe" ohne ein Gerichtsverfahren "geschieden" werden.

- Im Gegensatz zur Scheidung einer Zivilehe betrachtet die Gesellschaft dier "Scheidung" von "wilden Ehen" nicht als Makel oder Versagen.

- Im Gegensatz zur Zivilehe hat die "Scheidung" einer "wilden Ehe" meist keine Einbußen am eigenen Vermögen zur Folge.

Auf die Scheidungsbereitschaft in Zivilehen bezogen, ließe sich dieses Ergebnis auch so interpretieren: Ein schnelleres kostengünstigeres Scheidungsverfahren, eine Scheidung ohne Einbußen am eigenen Vermögen und an gesellschaftlichem Ansehen hätte mit Sicherheit eine noch höhere Scheidungsquote von Zivilehen zur Folge (möglicherweise aber auch eine größere Bereitschaft zur Eheschließung).

Man kann also folgendermaßen argumentieren: Da eine Lebensgemeinschaft ohne Trauschein nicht unter dem Damoklesschwert eines Scheidungsverfahrens mit all seinen rechtlichen und wirtschaftlichen Konsequenzen steht, ist die Entscheidung über Fortsetzung und Abbruch der Zweierbeziehung weitgehend frei von äußeren Zwängen. Sie beruht in weit stärkerem Maße auf der freien Willensentschließung der Lebensgefährten. In der "freien" Lebensgemeinschaft kann somit das Ziel der persönlichen Lebensgestaltung eher erreicht werden. Ein Ziel, das letztendlich die auf Gleichwertigkeit basierende Partnerschaft fördert.

Eine Argumentation, die einleuchtend, aber nicht überall zwingend, im Einzelfall zutreffend, aber sicherlich nicht generell gültig ist. Es würde den Rahmen dieses Buches sprengen, ginge man auf alle soziologischen und psychologischen Aspekte ein, die für oder gegen diese Argumentation sprechen. Nur soviel sei aus eigener Beobachtung angemerkt: So manche "wilden Ehen" sind durchaus nicht weniger vom Muster der sogenannten Hausfrauenehe mit patriarchalischer "Hackordnung" geprägt als manche Zivilehe. Umgekehrt wird man nicht leugnen können, daß auch Ehepaare persönliche Selbstverwirklichung und individuelle Lebensgestaltung in einer auf Gleichwertigkeit basierenden Partnerschaft durchsetzen können.

Zurück zum Ausgangspunkt der Argumentation, nämlich der Feststellung, daß die Scheidung der "wilden Ehe" einfacher und problemloser ist als die Auflösung einer Zivilehe. Ohne das Ergebnis der nachfolgenden Ausführungen vorwegnehmen zu wollen, möchte ich diese Behauptung schon jetzt mit zwei Bemerkungen einschränken:

- Es gibt genügend Beispiele dafür, daß die gerichtliche Auseinandersetzung nach der Beendigung einer "wilden Ehe" länger andauern kann als ein durchschnittliches Scheidungsverfahren.

- Wenn die Partner einer Zivilehe die Bedingungen des Zusammenlebens bewußt in Form eines Ehevertrages gestalten, schaffen sie gleichzeitig die Voraussetzungen dafür, eine eventuelle Scheidung relativ problemlos durchzuführen.

Mit vorliegendem Buch verfolge ich deshalb vorrangig das Ziel, die rechtlichen Voraussetzungen und wirtschaftlichen Folgen der Trennung einer Zivilehe und einer wilden Ehe miteinander zu vergleichen.

Formale Voraussetzung
für Trennung bzw. Scheidung

"Böswilliges Verlassen" hieß früher das Stichwort, wenn der Ehemann oder die Ehefrau ohne gerichtliche Genehmigung die Ehewohnung verlassen hatte, um sich beim neuen Lebenspartner einzunisten. Die Konsequenz für dieses Verhalten lautete im Urteil des Scheidungsrichters sozusagen: Scheidung aus Verschulden des Fahnenflüchtigen.

Was damals zum moralischen Vorwurf und zur gerichtlichen Verurteilung reichte, wird heute allerdings dem trennungswilligen Ehepartner qua Gesetz anempfohlen.

Wer die Scheidung der Ehe durch das Gericht anstrebt, muß seinen Gatten zuvor in der Regel für mindestens ein Jahr verlassen. Dabei reicht es allerdings aus, wenn die Eheleute in derselben Wohnung ein Jahr von Tisch und Bett getrennt gelebt haben. Nur in Ausnahmefällen ist auch schon vor Ablauf eines Trennungsjahres ein Scheidungsurteil möglich.

Unverheiratete Paare brauchen diese Bedingungen natürlich nicht zu erfüllen. Die "Scheidung" wird formlos durch Vollzug der Trennung wirksam. Ein Punktvorteil für die "wilde Ehe"?

Das kommt wohl auf die Interessenlage an. Wer die Zweiergemeinschaft nicht fristlos aufkündigen lassen will, gleich aus welchen Gründen, wird den Punktvorteil bei der Zivilehe buchen. Wem an einem schnellen Vollzug der Scheidung liegt, muß hier einen Pluspunkt für die "wilde Ehe" vermerken.

Trotz der Möglichkeit, das Verfahren bei einer einverständlichen Scheidung erheblich zu verkürzen, kann die Zivilehe nicht von heute auf morgen gelöst werden.

Wer daran denkt, seinen unverheirateten Lebensgefährten durch Vereinbarung einer Vertragsstrafe an der fristlosen Aufkündigung der Lebensgemeinschaft hindern zu können, muß enttäuscht werden. Eine solche vertragliche Absprache wäre rechtlich bedeutungslos und unwirksam. Das gilt gleichermaßen auch für die Partner einer Zivilehe.

Umgekehrt ist es den Ehepartnern aber auch nicht möglich, eine kürzere als die einjährige Trennungsfrist wirksam zu vereinbaren. Die gesetzliche Vorschrift ist insoweit nicht abdingbar. Allerdings ist es heute schon keine Seltenheit mehr, daß zur Verkürzung des Scheidungsverfahrens dem Richter von beiden Eheleuten eine einjährige Trennungszeit vorgegaukelt wird, obwohl man erst seit wenigen Wochen oder Monaten getrennt lebt.

Zuteilung der gemeinsamen Wohnung

Zivilehe

Grundsätzlich kann kein Ehepartner von dem jeweils anderen die Räumung der Wohnung verlangen, unabhängig davon, wer den Mietvertrag abgeschlossen hat oder wem die gemeinsame Ehewohnung gehört. Einzige Ausnahme: Wenn beispielsweise aufgrund von Grobheiten das Zusammenleben unter ein und demselben Dach nicht mehr zumutbar ist, kann das Gericht auf Antrag den Grobian zur Räumung verurteilen.

Ansonsten müssen Sie, wenn Sie von Ihrem Partner getrennt

leben wollen, entsprechend handeln: Jeder hat sein eigenes Zimmer, Küche und Wohnzimmer werden abwechselnd benutzt. Einigen Sie sich nicht, muß der Familienrichter bemüht werden, es sei denn, Sie ziehen es vor, selbst auszuziehen.

Mit Scheidung der Ehe entscheidet das Gericht auf Antrag auch darüber, wer in der bisherigen Ehewohnung bleiben darf bzw. wer sie verlassen muß. Eine angemietete Ehewohnung erhält, unabhängig von der Zustimmung des Vermieters, in der Regel derjenige, der sie am nötigsten braucht. Das ist z. B. bei Familien mit Kindern derjenige, der auch nach der Scheidung die Kinder bei sich aufnimmt. Ein Problem kann jedoch dann entstehen, wenn nur ein Ehegatte den Mietvertrag abgeschlossen hat und ihn gegenüber dem Vermieter kündigt. Das Landgericht Stuttgart hat in einem solchen Fall einmal entschieden, daß die Ehefrau, die nicht Mietvertragspartei war, die Wohnung räumen mußte.

Handelt es sich bei der gemeinsamen Ehewohnung um eine Eigentumswohnung der Eheleute, so gilt, wenn beiden Eheleuten die Wohnung gehört, das gleiche wie bei einer Mietwohnung. Wer die Wohnung am nötigsten braucht, darf in der Wohnung bleiben. In diesem Fall erhält jedoch derjenige, der die Wohnung verlassen muß, von dem anderen Ehegatten eine angemessene Miete.

Ist einer der Ehegatten jedoch Alleineigentümer, so soll diese Eigentumslage, so will es das Gesetz, bei der Zuweisung der Wohnung beachtet werden. Das heißt, der Nicht-Eigentümer-Ehegatte wird die Wohnung in der Regel verlassen müssen, es sei denn, die gemeinsamen Kinder sollen bei ihm bleiben.

"Wilde Ehe"

Vergleichsweise einfach erscheint die rechtliche Lage auf den ersten Blick bei der eheähnlichen Lebensgemeinschaft. Bei näherer Betrachtung jedoch erweist sich die Situation als undurchsichtig und ungeklärt. Hat nur einer von beiden den Mietvertrag abgeschlossen, so muß der vertraglose Lebensgefährte auf Wunsch des Mieter-Lebensgefährten die Wohnung verlassen. Das gleiche gilt, wenn einem von beiden die bis dahin gemeinsam bewohnten Räume als Alleineigentum gehören. Diese einseitige Entscheidungsbefugnis berechtigt aber m. E. nicht zum quasi fristlosen Hinauswurf.

Beispiel: Der Schneidermeister Detlev Schmächtig und seine Lebensgefährtin Frieda Fleißig haben 2 Jahre in der von Detlev angemieteten 4-Zimmer-Wohnung gelebt. Die Wohnung ist teilweise von Detlev, teilweise von Frieda möbliert worden. Nach 2 Jahren ist es mit der partnerschaftlichen Harmonie vorbei. Detlev fordert Frieda auf, ihre Sachen zu packen und schnellstens zu verschwinden. Trotz großer Anstrengungen bleibt Friedas Wohnungssuche 6 Wochen erfolglos. Als sie endlich 2 Monate nach Detlevs "Kündigung" auszieht, verlangt dieser entgegen den bisherigen Gepflogenheiten von Frieda anteiligen Mietzins für beide Monate. Frieda weigert sich. Daraufhin verschließt Detlev zur Sicherung seiner Mietzinsforderung Friedas Nähmaschine in seinem Zimmer.

Mit welcher Frist durfte Detlev kündigen? Verlangt er zu Recht den anteiligen Mietzins? Darf er die Maschine vorläufig behalten? Bisher haben es unsere Gerichte überwiegend abgelehnt, für diesen Fall Mieterschutzbestimmungen zugunsten des anderen Partners anzuwenden. Sie betrachten den in die Mietwohnung aufgenommenen Partner auch nicht als Untermieter, da der Lebensgefährte keinen "selbständigen Haushalt in den Mieträumen" führt. Das bedeutet im Ergebnis, daß derjenige, der Mieter ist, von seinem Lebensgefährten fristlos die Räumung verlangen kann.

Dieses Ergebnis erscheint mir untragbar. Meines Erachtens sollten diejenigen, die wie Frieda und Detlev nicht nur vorübergehend zusammenleben wollten, mindestens den Schutz genießen, den auch ein Untermieter bei Beendigung eines Mietverhältnisses hat, d. h. Einhaltung einer Kündigungsfrist von ca. 3 Monaten. Es scheint, daß sich solche oder ähnlich gelagerte Fälle wohl meistens von selbst erledigen, ohne daß die Gerichte angerufen werden. Das ist um so verwunderlicher, als der Vorgang selbst, nennen wir ihn ungeschminkt einen Rausschmiß, sicherlich alltäglich ist. Wahrscheinlich machen die Lebensgefährten in vergleichbaren Fällen aus der Not, nicht zu wissen, wie das Gericht entscheidet, eine Tugend und einigen sich überwiegend ohne gerichtlichen Streit.

Wenn es nun schon mal zum Bruch zwischen den ungetrauten Lebensgefährten gekommen ist, dann gehen die beiden freilich selten schonender miteinander um als bei Scheidungen von Zivilehen. Warum also nicht den anteiligen Mietzins verlangen? Meine unverbindliche Rechtsmeinung lautet: Wenn Frieda in der Vergangenheit mitgezahlt hätte, würde sie zu Recht auch für die restliche Mietzeit zur Kasse gebeten werden können. Hat sie aber unentgeltlich gewohnt, wird Detlevs Forderung nach anteiligem Mietzins kaum durchzusetzen sein.

Eine noch delikatere Frage wirft schließlich die eigenmächtige Zurückbehaltung der Nähmaschine auf. Ist es rechtens, den "Gspusi" durch solch einen Trick zur Zahlung zu nötigen? Grundsätzlich steht einem Vermieter ein sogenanntes Vermieterpfandrecht zu. Das bedeutet, daß der Vermieter die Entfernung der vom Mieter in die Wohnung gebrachten Sachen verhindern, ja diese Sachen sogar verkaufen kann, wenn ihm aus dem Mietverhältnis eine Forderung zusteht.

Dieser Grundsatz gilt auch im Verhältnis zwischen Mieter und Untermieter. Wenn man das mietrechtliche Verhältnis der Lebensgefährten untereinander dem Verhältnis von Mieter und Untermieter gleichstellt, dann ist es konsequent, dem Mieter-Lebensgefährten ein ebensolches Vermieterpfandrecht zuzubilligen. Eine im Einzelfall sicherlich abstruse Situation, die nicht nur das Faß zum Überlaufen bringen kann, sondern leicht zu einer Brunnenvergiftung führt. Wie häufig ist es lediglich dem Zufall zu verdanken, daß nicht er, sondern sie oder umgekehrt Mietvertragspartei ist mit der im Konfliktfall möglichen Folge, daß der Glücklichere, weil Mieter, ein gesetzlich garantiertes Selbsthilferecht ausübt. Der verstoßene Partner aber wird sich mit solch gewandeltem Partnerverhalten kaum abfinden. *Resultat:* Eine beträchtliche Dunkelziffer von Selbstjustiz.

Bislang haben es die deutschen Gerichte abgelehnt, Mieter-schutzbestimmungen zugunsten des "gekündigten" Lebensge-fährten anzuwenden. Sie haben dem "Vermieter"-Lebensgefähr-ten quasi den fristlosen Rausschmiß ermöglicht. Diese Rechts-meinung deutscher Gerichte wurde zu Recht kritisiert, und es bleibt zu hoffen, daß dem "Untermieter"-Lebensgefährten eine angemessene Frist zur Räumung zugebilligt wird.

Der oben dargestellte und diskutierte Fall hätte übrigens ge-nauso entschieden werden müssen, wäre Detlev nicht alleiniger Mieter, sondern alleiniger Eigentümer der Wohnung gewesen.

Beide Lebensgefährten als Mieter einer gemeinsamen Wohnung

Anders fällt die rechtliche Betrachtung aus, wenn beide Lebensgefährten entweder Mieter oder Eigentümer der gemeinsam genutzten Wohnung sind. Den Juristen unter den Lesern sei es mit zwei Sätzen gesagt. Beide Lebensgefährten haften gegenüber dem Vermieter als Gesamtschuldner. Unter-einander bilden sie regelmäßig eine BGB-Gesellschaft.

Beispiel: Detlev Schmächtig und Frieda Fleißig wohnen seit 2 Jahren in dem gemeinsam angemieteten 2-Zimmer-Appartement. Der Mietvertrag wurde für die ersten 5 Jahre fest abge-schlossen. Detlev kommt seit geraumer Zeit regelmäßig gegen 3 Uhr nachts stark alkoholisiert nach Hause. Im Hausflur ver-anstaltet er jedesmal einen Heidenlärm. Der nächtliche Krach bringt den Vermieter auf die Palme und Frieda zu dem Ent-schluß, Detlev endgültig rauszuschmeißen. Auch der Vermieter hat es satt und will entweder Detlev oder beiden kündigen. Detlev wäre möglicherweise bereit zu gehen, will aber dann auch keine Miete mehr bezahlen. Die wiederholten Störungen durch Detlev berechtigen den Vermieter, (nach mehreren Ab-mahnungen) das Mietverhältnis fristlos zu kündigen. Genauer gesagt: Es wird beiden gekündigt. Eine nur dem Störenfried gegenüber ausgesprochene Kündigung wäre unwirksam.

Umgekehrt könnte auch nicht etwa die entnervte Frieda für sich allein kündigen. Zieht sie dennoch aus, haftet sie gegenüber dem Vermieter nach wie vor für den Mietzins, und zwar für die gesamte Laufzeit des Vertrages, unabhängig davon, ob Detlev in der Wohnung bleibt oder nicht. Schließlich hat Frieda auch nicht die Möglichkeit, dem Dilemma dadurch zu entgehen, daß sie Detlev einfach aussperrt. Detlev steht, sofern nicht beiden gekündigt wird, das gleiche Recht an der Wohnung zu wie Frieda, und zwar auch dann, wenn beide ihre Lebensgemeinschaft aufheben. Selbst ein Versuch Friedas, das Gericht anzurufen, wäre zwecklos. Der Richter könnte Detlev nicht daran hindern, sein Wohnrecht auszuüben. Der einzige denkbare Ausweg aus solch einer Situation wäre der, daß Frieda freiwillig auszieht und, soweit der Vermieter auch dann von ihr Zahlung fordert, versucht, diese Geldbeträge von Detlev im Wege des Schadensersatzes zu erlangen.

Wären beide verheiratet, so könnte der Familienrichter eingreifen und helfen, ohne daß Frieda das Feld räumen müßte. Diese Lösung ist besonders segensreich, wenn die verheiratete Frau auch noch ein oder mehrere Kinder versorgen muß. Eine chaotische Situation also, solange keine Einigung zwischen den unverheirateten Lebensgefährten zustande kommt.

In diesem Zusammenhang lohnt sich ein Blick über die Grenzen in unsere beiden Nachbarländer Schweden und England. In *Schweden* kann aufgrund eines seit 1973 gültigen Sondergesetzes das Gericht auch demjenigen Partner einer eheähnlichen Gemeinschaft die gemeinsam bewohnte Wohnung zur alleinigen Weiterbenutzung zuweisen, der nicht Eigentümer oder Mieter ist. Voraussetzung ist, daß der Nicht-Mieter-Lebensgefährte die Wohnung dringender benötigt als der Mieter- oder Eigentümer-Lebensgefährte. Dieses soll vor allen Dingen dann gelten, wenn der Nicht-Mieter-Lebensgefährte ein gemeinsames Kind zu versorgen hat. Der Übernehmer der Wohnung hat seinem Partner jedoch einen Geldbetrag als Wertersatz zu zahlen.

Selbst im konservativen *Großbritannien* können die Gerichte eine von unverheirateten Lebensgefährten bewohnte Wohnung einem der Partner zur alleinigen Nutzung zuweisen. Voraussetzung ist, daß dies zum Schutz eines Partners vor Gewalttätigkeiten des anderen Partners notwendig ist.

Wohnungsdifferenzen zwischen unverheirateten Lebensgefährten, die in einer gemeinsamen Eigentumswohnung leben, sind nicht leichter aus der Welt zu schaffen. Hier bleibt als letzter Ausweg die Möglichkeit offen, die Wohnung "unter den Hammer" zu bringen, also zwangsversteigern zu lassen. Es reicht, wenn einer von beiden einen solchen Antrag stellt. Dies ist allerdings nur "die Notbremse".

Ergebnis: Wer allzeit in der Lage sein möchte, seinen "Schatz" kurzfristig vor die Tür zu setzen, darf nicht verheiratet und muß alleiniger Mieter oder Eigentümer der gemeinsam bewohnten Wohnung sein. Verheiratete Paare, aber auch Ungetraute, die gemeinsam Mieter oder Eigentümer der Wohnung sind, genießen ausreichenden Schutz vor solchen Radikalkuren.

Solange wir uns bei der Regelung solcher Probleme nicht auf vernünftige gesetzliche Vorschriften stützen können, ist es wohl am besten, wenn man auf eine partnerschaftliche Vereinbarung zurückgreifen kann. Gelingt es Ihnen nicht, Ihren Partner zum Abschluß einer Vereinbarung zu bewegen, dann bleibt nur zu hoffen, daß Sie Mietvertragspartei sind, so daß Ihnen in kritischen Situationen die mehr oder weniger willkürliche Kündigung durch den Verflossenen erspart bleibt. Ist Ihr Partner alleiniger Mieter, überreden Sie möglichst den Vermieter dazu, Sie in das Mietverhältnis aufzunehmen. Die Zustimmung Ihres unverheirateten Lebensgefährten ist hierzu jedoch erforderlich.

Aufteilung des Hausrats

Zivilehe

Mittwoch, 3. Juni 1987, 14.00 Uhr, Schauplatz Sitzungssaal 412 im Amtsgericht München; Anwesende Klaus König und Ehefrau Klara, geb. Kaiser, jeweils mit Anwalt, ein Richter, eine Protokollführerin sowie *last not least* ein dreijähriger Königspudel, der auf den seltenen Namen Schnucki hört. Ungeduld macht sich breit. Endlich, auf Kommando des Richters läßt die Protokollführerin Schnucki von der Leine. Totenstille! Gebannt, ja geradezu flehend richten sich die Blicke der Eheleute König auf ihren Königspudel. Klara König entgleitet ein sehnsüchtiges, kaum hörbares "Schnucki", welches prompt vom Ehegatten mit einem deutlich wahrnehmbaren, entrüsteten Räuspern erwidert wird. Und dann, nach Sekunden des Schweigens, ist es entschieden. Schnucki hat sich zögernd, eine deutlich sichtbare Pfütze der Erleicherung hinterlassend, auf sein Frauchen zubewegt. Klara ist aus dem Häuschen, Klaus König tief enttäuscht. Das Urteil ist klar: Schnucki bleibt bei Frauchen Klara.

Die Tierfreunde unter Ihnen mögen mir verzeihen. Aber für die Juristen gehört auch ein Königspudel zum Hausrat, zumindest dann, wenn zwei sich scheiden lassen und das Gemeinsame aufgeteilt werden muß. Zum Hausrat gehören also z.B. Möbel, Wäsche, Geschirr, aber auch das Auto, wenn es von keinem für Berufszwecke benötigt wird. Hat hingegen jeder ein Auto, so wird man den Fuhrpark wohl nicht mehr zum Hausrat zählen.

Zugegeben, der geschilderte Fall ist nicht gerade alltäglich und kaum je so dramatisch. Aber Tatsache ist, daß der Richter auch über Zuteilung eines Haustieres zu befinden hat, wenn Eheleute auseinandergehen, ohne sich darüber zu einigen. Bei der Verteilung soll der Richter "gerecht und zweckmäßig" verfahren. Sofern Kinder vorhanden sind, ist insbesondere deren Wohl zu berücksichtigen. Die Eigentumsverhältnisse spielen dann nur eine untergeordnete Rolle. Schnuckis überwiegende Zuneigung für sein Frauchen war jedenfalls ausschlaggebend für die Entscheidung des Richters.

Beispiel: Friedrich Flügel und seine Ehefrau Elfi sind begeisterte Freizeitpianisten. Friedrich hat einen klang- und wertvollen Konzertflügel mit in die Ehe gebracht, auf dem auch die 9jährige Tochter Florence bereits erstaunliche Fortschritte macht. Hausfrau Elfi erteilt in ihrer Freizeit Nachbarkindern Klavierunterricht und erzielt damit einen beträchtlichen Nebenverdienst. Über die Interpretation von Beethovens

Mondscheinsonate kommt es zu tiefgreifenden, unüberbrückbaren Divergenzen zwischen den beiden. Friedrich sieht seinen Konzertflügel entweiht und die Ehe für immer zerrüttet und reicht die Scheidung ein. Für ihn steht außer Frage, daß er seinen Konzertflügel nach der Scheidung behält.

Elfi ist da anderer Ansicht. Sie, die das Sorgerecht für Florence erhält, meint, daß Beethoven noch nie besser interpretiert wurde und daher das Piano ihr zugesprochen werden muß.

Ein weiterer Streit entbrennt, als Friedrich das Familienauto für sich beansprucht. Das Fahrzeug hatte Elfi vor 2 Jahren von ihrem Vater geerbt. Es wird jedoch nahezu ausschließlich von Friedrich, insbesondere für die Fahrt zur Arbeit, genutzt.

Ihr Gefühl trügt Sie nicht, wenn Sie glauben, daß der Familienrichter Elfi das Piano und Friedrich das Kfz zusprechen wird, obwohl die Eigentumsverhältnisse genau umgekehrt liegen. Hinsichtlich des Pianos sind das Wohl des Kindes Florence als auch die Möglichkeit, mit dem Piano einen Nebenverdienst zu erzielen, ausschlaggebend. Für die Zuteilung des Autos ist maßgeblich, daß Friedrich zur Erzielung des Einkommens darauf angewiesen ist (Notwendigkeit und Zweckmäßigkeit).

Wenn schon der Richter bemüht werden muß, dann soll er – so will es das Gesetz – demjenigen, der dabei schlechter abschneidet, einen Ausgleichsanspruch in Geld zubilligen.

Tip: Egal, ob verheiratet oder nicht verheiratet, es gibt eine bewährte Möglichkeit, Streitigkeiten bei der Verteilung von Hausratsgegenständen zu schlichten. Was bei diesem Verfahren herauskommt, ist dann verbindlich – gleich, ob die Entscheidung unter vier Augen oder unter Aufsicht eines Anwalts fällt.

Der Vorgang gleicht einer Versteigerung:

- Sämtliche Hausratsgegenstände werden aufgelistet.

- Unabhängig voneinander notiert jeder Ehegatte (oder Lebensgefährte) hinter jedem Gegenstand den Marktwert, den ein Gegenstand seiner Meinung nach hat.

- Die in der Liste eingetragenen Marktwerte werden verglichen. Stellt man unterschiedliche Werte fest, so wird der Mittelwert errechnet: Dazu werden die beiden geschätzten Werte addiert; die Hälfte dieser Gesamtsumme ist dann der verbindliche Mittelwert.

- Unabhängig voneinander kreuzt jeder Ehegatte die Gegenstände an, die er nach der Scheidung gern behalten möchte.

- Beim Vergleich der beiden Listen zeigt sich erfahrungsgemäß, daß nur wenige Gegenstände von beiden Ehepartnern gewollt oder nicht gewollt werden. Und nur diese Sachen bleiben weiterhin im Spiel.

- Die Gegenstände, die von beiden Partnern in der Liste angekreuzt wurden, werden dann quasi versteigert, indem man den Mittelwert so lange erhöht, bis einer aus der "Auktion" aussteigt.

Beispiel 1: Der Konzertflügel steht mit einem Mittelwert von DM 15.000,- in der Liste. Beide Eheleute wollen den Flügel behalten. Der Mittelwert wird nach und nach um jeweils DM 1.000,- erhöht, und zwar so lange, bis – etwa beim Wert von DM 21.000,- – ein Ehepartner kein Interesse mehr hat.

Ähnlich, nur in umgekehrter Weise, verfährt man bei den Gegenständen, die keiner haben will.

Beispiel 2: Die Sitzgruppe wurde mit einem verbindlichen Mittelwert von DM 1.000,- in die Liste aufgenommen. Diese Summe wird so lange heruntergeschraubt, bis einer Interesse anmeldet. Nach dieser Versteigerung muß noch einmal gerechnet werden, um eventuelle Unterschiede auszugleichen.

Beispiel 3: Der Ehemann hat einen Wert von DM 60.000,-, die Ehefrau einen Wert von DM 25.000,- bekommen. Der "Gesamterlös der Versteigerung" beträgt demnach DM 85.000,-, wovon jedem Partner die Hälfte, nämlich DM 42.500,- zusteht. Die Differenz zwischen den beiden Anteilen (DM 35.000,-) wird halbiert; Ergebnis: DM 17.500,-. Diese Summe muß der Ehemann an die Ehefrau zahlen – in bar oder in Sachwerten. Damit kommen beide auf einen Anteil von DM 42.500,-.

Dieses "Spiel" sieht auf den ersten Blick komplizierter aus, als es in Wirklichkeit ist. Vor allem aber bietet es die Gewähr dafür, daß jeder der beiden Partner die Gegenstände erhält, auf die er im wahrsten Sinne des Wortes "gesteigerten" Wert legt.

"Wilde Ehe"

Die Aufteilung des Hausrates bei Scheidung einer Zivilehe mag im Einzelfall problematisch sein. Neben den Komplikationen und Schwierigkeiten, die bei der Auseinandersetzung des Hausrates in einer "wilden Ehe" auftreten, nehmen sich solche Probleme jedoch vergleichsweise bescheiden aus. Zwar sind Unterhaltsansprüche, Zugewinnausgleich und Sorgerecht für Partner einer eheähnlichen Gemeinschaft größtenteils Fremdworte. Hausratsaufteilung aber ist bei Ungetrauten ein nahezu alltägliches Trennungsproblem.

Beispiel: Die 32jährige ledige Kindergärtnerin Ulrike Unschuld und der gleichaltrige kaufmännische Angestellte Ulrich Unglück trennen sich im verflixten 7. Jahr ihrer "wilden Ehe". Ulrike war als Kindergärtnerin immer nur halbtags beschäftigt und versorgte nachmittags den Haushalt. Ulrichs Einkommen von monatlich ca. DM 2.000,- netto lag deutlich über dem Verdienst seiner Lebensgefährtin. Beide verfügten über getrennte Gehaltskonten, hatten aber gegenseitige Kontovollmacht.

Ulrike und Ulrich möchten bei Beendigung ihrer Zweierbeziehung den vorhandenen Haushalt gerecht aufteilen. Darüber, was gerecht ist, gehen ihre Meinungen allerdings auseinander. Eine Auflistung des Hausrates ergibt folgendes:

Von Ulrike in die "wilde Ehe" gebracht: 1 antikes französisches Doppelbett. Von Ulrich in die "wilde Ehe" gebracht: 1 VW-Käfer, der jedoch vor 2 Jahren für DM 1.000,- bei Ankauf eines gebrauchten Audi 80 (Kaufpreis DM 6.000,-) in Zahlung gegeben wurde. Der Kaufvertrag wurde damals von beiden unterschrieben. Der Audi ist auf Ulrichs Namen zugelassen. Er wurde abwechselnd von beiden benutzt. Ulrike hatte beim Erwerb DM 2.000,- zugelegt.

Während der 7jährigen Lebensgemeinschaft wurden außer einem reinrassigen lrish Setter zahlreiche Haushaltsgegenstände angeschafft. Nur bei wenigen läßt sich noch belegen und nachvollziehen, wie der Kaufpreis geleistet wurde: Irish Setter: DM 500,- per Scheck von Ulrichs Konto; Farbfernsehgerät: DM 1.800,- in Raten von Ulrichs Konto; 2 Oberbetten: DM 400,- per Scheck von Ulrikes Konto; 1 Damenfahrrad: DM 250,- per Scheck von Ulrikes Konto. Nicht mehr geklärt werden konnte u. a. die Finanzierung von 4 Eßzimmerstühlen nebst Tisch, die bei einem Privatverkäufer abgeholt und bar bezahlt wurden.

Natürlich läßt sich die Auflistung beliebig fortsetzen, und zweifelsohne kommen in einem durchschnittlichen Haushalt mehr als die aufgezählten Gegenstände zur Aufteilung. Die vorstehende Zusammenstellung ist auch nur beispielhaft.

Zunächst muß ich Sie wieder einmal nachdrücklich davor warnen, meine nachfolgenden Ansichten als uneingeschränkt richtig zu betrachten. Wenn schon die deutschen Gerichte in diesen Rechtsfragen uneins sind, können meine Antworten selbstverständlich auch nicht verbindlich sein.

Zur Sache: Ulrike braucht das französische Doppelbett nicht abzugeben. Bei der Verteilung des Hausrates gilt – anders als in einer Zivilehe – der Grundsatz, daß jeder sein Eigentum behält. Konsequenz: Was Sie in die "wilde Ehe" einbringen und was Sie während der Lebensgemeinschaft geschenkt erhalten oder erben, können Sie bei der Trennung wieder an sich nehmen.

Aus dem gleichen Grund könnte Ulrich seinen VW-Käfer behalten, wäre er noch vorhanden. Der neu angeschaffte Audi 80 aber muß "geteilt" werden. Gemeint ist natürlich, daß derjenige, der das Kfz behält, an den jeweils anderen den Wertausgleich in Geld zu leisten hat. Verbleibt das Kfz bei Ulrich, dann würden einige Gerichte ein Drittel des Zeitwertes als angemessenen Abfindungsbetrag an Ulrike bezeichnen, da sie sich bei der Anschaffung des Kraftfahrzeuges mit einem Drittel am Kaufpreis beteiligt hat. Andere Gerichte erachten 50 % des Zeitwertes als angemessenen auszugleichenden Betrag. Sie begründen dies damit, daß die Partner während der Dauer einer Lebensgemeinschaft unterschiedliche wirtschaftliche Leistungen erbringen und daher die im Einzelfall (etwa bei der Anschaffung des Kfz) erbrachte finanzielle Leistung nicht ausschließliches Kriterium für den Ausgleichbetrag sein darf.

Aber Vorsicht, ein Ausgleichbetrag ist nach der überwiegenden Meinung deutscher Gerichte nur zu bezahlen, wenn beide Lebensgefährten Miteigentum an dem Kfz haben. Auf die Gefahr hin, daß es Sie strapaziert, muß ich diesen Punkt etwas näher darlegen. In unserem Beispiel hatten beide, Ulrich und Ulrike, das Kfz gemeinsam gekauft. (Beide haben den Kaufvertrag unterschrieben.) Zwar war der anteilige Finanzierungsbetrag (Ulrich DM 3.000,- + 1 VW-Käfer; Ulrike DM 2.000,-) unterschiedlich. Dennoch sind beide Miteigentümer geworden. Unerheblich ist es auch, daß der Audi nur auf Ulrichs Namen zugelassen ist. Eine andere Beurteilung würde sich ergeben, wenn Ulrich das Kfz für sich allein erworben und den Vertrag allein abgeschlossen hätte. In solch einem Fall wäre er Alleineigentümer des Kraftfahrzeuges geworden, trotz finanzieller Beteiligung durch Ulrike.

Der Alleineigentümer aber, so die wohl überwiegende, jetzt auch vom Bundesgerichtshof indirekt bestätigte Rechtsmeinung, behält sein Eigentum, ohne seinen Partner entschädigen zu müssen. Das eigentliche, in solchen Fällen verborgene Problem ist nicht so sehr ein rechtliches, sondern vielmehr ein tatsächliches. Schwierig und problematisch ist es nämlich zuweilen festzustellen, ob Hausratsgegenstände oder Konsumgüter für einen oder für beide Lebensgefährten angeschafft wurden und demnach nur Alleineigentum oder Miteigentum begründet wurde. Die Tatsache, daß nur einer der beiden das Kaufgeschäft abgewickelt hat, sagt nur in seltenen Fällen etwas über die Eigentumslage aus, denn sehr häufig handelt einer zugleich für und in Vertretung des anderen.

Als einigermaßen zuverlässige *Faustregel* für die Beurteilung dieser Fragen sollten Sie sich folgendes merken: An solchen Gegenständen des Hausrates, die während der Lebensgemeinschaft zur gemeinsamen oder abwechselnden Benutzung angeschafft werden, haben die Lebensgefährten, wenn eine entgegenstehende Absicht nicht erkennbar ist, in der Regel gemeinsam Eigentum (Miteigentum) erworben. Dies ist unabhängig davon, ob einer allein oder beide den Kaufpreis geleistet haben. (Diese Faustregel ist zumindest überall dort anwendbar, wo beide Lebensgefährten im Rahmen ihrer jeweiligen Möglichkeiten gegenseitig zum Lebensunterhalt beitragen.) Solche Gegenstände, die erkennbar für nur einen der beiden Lebensgefährten angeschafft und von diesem auch fast ausschließlich benutzt werden, stehen in der Regel im Alleineigentum des alleinigen Benutzers. Dabei handelt es sich dann in der Regel auch nicht um Gegenstände, die zum Hausrat zählen.

Mit dieser vereinfachten Darstellung lassen sich jetzt auch die übrigen im Beispiel aufgetauchten Fragen einigermaßen rasch beantworten. Ulrike und Ulrich einigen sich darauf, daß der Irish Setter bei Ulrike bleibt. Es liegt auf der Hand, daß die Anschaffung eines Haustieres regelmäßig zur gemeinsamen "Benutzung" erfolgt. Daher müßte Ulrike, wenn Ulrich aus Gründen der Pietät nicht verzichtete, an ihren "geschiedenen" Partner den hälftigen Zeitwert auszahlen. Wie hoch solch ein Zeitwert ist, soll Sie nun aber wirklich nicht mehr beschäftigen. Meine eigene Setter-Hündin jedenfalls ist "unbezahlbar".

Wäre Ulrich jedoch passionierter Jäger und brächte den Setter – was übrigens zu empfehlen ist – z. B. auf Treibjagden zum Einsatz, so würde man es ihm sicherlich abnehmen, daß er den Hund zu diesem Zweck als Alleineigentum erworben hat. Konsequenz: Er behielte den Setter entschädigungslos.

Auch hinsichtlich des Farbfernsehgerätes ist aus den gleichen oben dargelegten Gründen – Anschaffung zur gemeinsamen Nutzung – von beiderseitigem Miteigentum auszugehen. Daher gilt, wer das Gerät behält, muß 50 % des Zeitwertes an seinen verflossenen Partner bezahlen. In unserem Beispiel wurde der Farbfernseher in Raten von Ulrichs Konto bezahlt. Soweit bei der Trennung die Ratenzahlungen noch nicht vollständig geleistet worden sind, muß derjenige, der die Flimmerkiste jetzt allein benutzt, die noch offenen Raten auch allein bezahlen. Für den Wertausgleich zwischen Ulrich und Ulrike gilt in solch einem Fall natürlich eine modifizierte Regelung.

Der Fernseher hat DM 1.800,- gekostet. Der Zeitwert bei der Trennung beträgt nur noch DM 1.000,-. DM 500,- sind noch zu bezahlen. Ulrich will den Fernseher behalten.

Ergebnis: Ulrich, der das Gerät behält, muß auch die restlichen Raten in Höhe von insgesamt DM 500,- bezahlen. Er muß aber an Ulrike nicht die Hälfte des Zeitwertes, sondern nur die Hälfte des Differenzbetrages zwischen Zeitwert und Restkaufpreis bezahlen.

| Zeitwert | DM 1.000,- | Differenzbetrag | DM 500,- |
| Restkaufpreis | DM 500,- | die Hälfte davon | DM 250,- |

Die Regelung bei den beiden Oberbetten, die Ulrike angeschafft und mit Scheck bezahlt hatte, ist denkbar einfach. Hier ist eine Teilung "in Natur" möglich, d. h. jeder hat Anspruch auf ein Oberbett. Das Damenfahrrad dürfte allein und entschädigungslos der Kindergärtnerin Ulrike zustehen, die mit diesem Gefährt ständig zur Arbeit gefahren ist.

Anders und damit ausgleichspflichtig wäre es jedoch dann, wenn das Fahrrad zur gemeinsamen Benutzung angeschafft worden wäre. Die Anzahl der vier Eßzimmerstühle läßt sich zwar durch zwei teilen. Die Eßzimmereinrichtung mit Tisch ist jedoch als eine Einheit zu betrachten, so daß auch hier die Zuteilung an einen von beiden erfolgen muß und der andere einen Wertausgleich erhält.

Meine Lösungsvorschläge basieren teilweise auf dem im BGB, dem Bürgerlichen Gesetzbuch, geregelten sogenannten Gemeinschaftsrecht . Die Anwendung des Gemeinschaftsrechts führt zu praktikablen und interessensgerechten Lösungen vor allem dann, wenn, wie so häufig, der Erwerbsvorgang (wer hat gekauft, wer bezahlt?) nicht mehr rekonstruiert werden kann.

Bislang wurde die Frage noch nicht erörtert, wer von beiden Lebensgefährten im einzelnen was erhält und wer demzufolge ausgleichspflichtig ist. Bei der Scheidung einer Zivilehe entscheidet auf Antrag der Familienrichter, wenn sich die Eheleute nicht einigen können. Mangels einer entsprechenden gesetzlichen Regelung steht den geschiedenen Partnern einer eheähnlichen Gemeinschaft nur eine weit weniger befriedigende Möglichkeit zur Verfügung, falls man sich nicht einigen kann. Diese Möglichkeit heißt bei Gegenständen, die der Natur nach nicht teilbar sind (z.B. Auto, Hund): Veräußerung nach den Regeln des Pfandverkaufs, also letztlich Versteigerung und anschliessende Aufteilung des Versteigerungserlöses. Mir ist nicht bekannt, daß nichteheliche Lebensgefährten es jemals so weit haben kommen lassen. Auch hier wird wohl aus der gemeinsamen Not oft eine Tugend gemacht und deshalb letztendlich stets Kompromißbereitschaft signalisiert. Ich wage jedoch zu behaupten, daß in Konfliktfällen der totale Verzicht durch einen der Partner angesichts der faktischen Rechtlosigkeit die Regel ist. Nun raten Sie mal, wer meist der nachgebende Teil ist!

Auseinandersetzung des Vermögens

Wilde Ehe

Mit einem aufsehenerregenden Urteil brachte der Oberste Gerichtshof von Kalifornien das Thema Vermögensauseinandersetzung bei Scheidung einer "wilden Ehe" in die Schlagzeilen. Der international berühmte amerikanische Schauspieler Lee Marvin wurde nach sechsjähriger Zweisamkeit mit seiner Freundin Michelle Triola verurteilt, ihr eine "Abfindung" von umgerechnet DM 200.000,- zu bezahlen. Vorausgegangen war ein langwieriger Streit mit jeweils unterschiedlicher Darstellung des Sachverhaltes. *Michelle Triola*: Ich habe meine aussichtsreiche Karriere als Showstar aufgegeben und mich voll und ganz meinem Schatz gewidmet, als Kamerad, als Hausfrau und Köchin. Lee hatte mir versprochen, mich dafür auf Lebenszeit voll abzusichern. Wir hatten vereinbart, Leistungen und Einkünfte zusammenzulegen. Alles, was während der Partnerschaft von uns verdient wurde, sollte hälftig geteilt werden.

Lee Marvin: Sie war zwar ein guter Kamerad und eine gute

Hausfrau. Aber irgendwelche Zusagen, sie über die Dauer unserer Lebensgemeinschaft hinaus zu versorgen oder unser beider Vermögen zu teilen, habe ich nicht gemacht.

Das Gericht folgte mit Einschränkungen der Darstellung von Michelle. Die Richter schlossen aus den verschiedenen Umständen des konkreten Falles, daß Lee Marvin sich verpflichtet hatte, seine Exfreundin an dem während der Partnerschaft erwirtschafteten Vermögen teilhaben zu lassen. Gleichzeitig stellten die Richter jedoch klar, daß die gesetzlichen Bestimmungen über die vermögensrechtliche Auseinandersetzung zwischen geschiedenen Eheleuten in den Fällen der Trennung von "wilden Ehen" nicht anwendbar sind und die Entscheidung des Falles Michelle Triola gegen Lee Marvin also eher Ausnahmecharakter hatte. Letztere Feststellung ist insbesondere von der deutschen Boulevardpresse ignoriert worden, und so entstand allenthalben der Eindruck, daß in den USA die Partner einer "wilden Ehe" bei einer "Scheidung" die gleichen Ansprüche haben wie Partner einer Zivilehe. Übrigens: Das "Sensationsurteil" wurde inzwischen von einem Berufungsgericht aufgehoben. Michelle ging leer aus.

Wie werden nun solche oder ähnliche Fälle vor deutschen Gerichten entschieden?

Beispiel: Man schrieb das Jahr 1973, als sich die äußerst attraktive 23jährige Tänzerin Susi J. und der 10 Jahre ältere John P. kennenlernten. John, geschieden, ein Kind, war früher Balletttänzer, bevor er nach Deutschland zog. Der Beruf brachte sie zusammen. Mangels entsprechender anderer Gelegenheiten war Susi zur Stripteasetänzerin in bundesdeutschen Nightclubs "avanciert", und John befaßte sich damit, Tänzerinnen an Nightclubs zu vermitteln. Als sich beide 1973 entschlossen zusammenzuziehen, war John noch in den roten Zahlen, während sich Susi ohne ein bemerkenswertes Plus oder Minus über Wasser hielt. Doch die wirtschaftliche Lage änderte sich zusehends zum Positiven. Bald schon hängte Susi – auf Johns Wunsch – ihren Beruf an den berühmten Nagel und half ihrem Lebensgefährten bei seinen Vermittlungsgeschäften. Sie begleitete ihn auf den nächtlichen Streifzügen von Nightclub zu Nightclub, wo Verträge geschlossen und Tänzerinnen begutachtet wurden. Sie beriet, wo immer und wann immer er es wünschte. Sie war ja schließlich, als seine Lebensgefährtin, stets erreichbar. Einige der Stripteasetänzerinnen begaben sich nicht zuletzt deshalb unter Johns Fittiche, weil sie choreographisch-künstlerisch von Susi betreut und beraten wurden.

Eigentlich ergab sich diese Art der Zusammenarbeit im Laufe der Zeit von selbst, ohne daß man über die Art und Weise der Beteiligung am Umsatz große Worte verlor. Es war selbstverständlich, daß jeder zum Leben und Einkleiden das erhielt, was er benötigte. Aber eine Kontovollmacht für Johns Konto oder gar ein eigenes Konto hatte Susi nicht. Die geschäftlichen Entscheidungen traf John alleine. Neben ihrer Arbeit für John verrichtete Susi außerdem den Haushalt. Gelegentlich wurde auch mal von Heirat gesprochen. Aber letztendlich scheiterten solche Pläne mal an seiner, mal an ihrer Unentschlossenheit.

Im Herbst 1986 wurde die Lebensgemeinschaft beendet. Susi, ohne eigenes Vermögen und ohne Arbeitsplatz, meinte, daß ihr die Hälfte des gemeinsam erarbeiteten Vermögens zustand. **John hatte von den Ersparnissen u. a. zwei Eigentumswohnun-gen gekauft**, Wert ca. 1,25 Millionen. Beide Wohnungen waren auf Johns Namen im Grundbuch eingetragen und mit ca. DM 250.000,- belastet. Außerdem existierte ein nicht unbeträchtliches Bankguthaben.

Ich möchte an dieser Stelle die Gründe, die zur Trennung geführt haben, bewußt aussparen, da sie grundsätzlich für die Entscheidung über das Ja oder Nein einer Vermögensaufteilung ohne Belang sind. Trotzdem werde ich hierauf später noch zurückkommen. Kein Zweifel: wären John und Susi verheiratet gewesen (im Güterstand der Zugewinngemeinschaft), so hätte Susi Anspruch auf die Hälfte der Vermögenswerte. Wenn der Oberste Gerichtshof von Kalifornien über Susis Gesuch zu entscheiden hätte, könnte Susi – betrachtet man die dort dargelegten Rechtsansichten – auch mit einer anteiligen "Abfindung" rechnen, obwohl beide nicht verheiratet waren. Weniger zuverlässig jedoch ließe sich das Urteil eines deutschen Gerichtes in diesem Fall vorhersagen. Auch bundesdeutsche Richter haben in der Vergangenheit bereits Partner von "wilden Ehen" verurteilt, den verflossenen Lebensgefährten zu entschädigen. Solche Entscheidungen waren jedoch selten und umstritten. Versucht man, die Rechtsansichten deutscher Richter nach Gemeinsamkeiten abzuklopfen, ergibt sich folgendes Bild:

- Die gesetzlichen Bestimmungen des Ehe- und Familienrechts dürfen bei der Vermögensauseinandersetzung zwischen Partnern einer ehelosen Lebensgemeinschaft nicht angewendet werden. Das ehelose Zusammenleben zweier Menschen begründet im Fall der Trennung keinen Anspruch auf Ausgleich des während der Lebensgemeinschaft erwirtschafteten beiderseitigen Vermögens.

- Wenn sich Mann und Frau zu einem Zusammenleben ohne Trauschein entschließen, so geben sie damit in der Regel zu erkennen, daß sie keine rechtlichen und insbesondere keine vermögensrechtlichen Bindungen und Verpflichtungen wollen. Auch nicht für den Fall der Trennung.

- Etwas anderes kann gelten, wenn sie nicht nur gemeinsam Haushalt führen, sondern über das zwischen Lebensgefährten "übliche" Maß hinaus zusammenarbeiten.

Auf deutsch: Verbindet Sie mit Ihrem Lebensgefährten nicht nur die Küche, das Wohn- oder Schlafzimmer, sondern auch etwas Geschäftliches, dann könnte es sein, daß Sie bei der Trennung von dem gemeinsam Erarbeiteten etwas erhalten bzw. abgeben müssen. Der kritische Punkt ist dabei: Was geht über das zwischen Lebensgefährten "übliche" Maß hinaus? Hier divergieren nun die Meinungen der Gerichte. Ein Saarbrücker Gericht lehnte z.B. einen Vermögensausgleich zwischen zwei unverheirateten Lebensgefährten mit der Begründung ab, daß die "beiderseitigen Leistungen und Bemühungen lediglich im Rahmen des allgemein Eheüblichen lagen".

Die Mitarbeit also, die in einer Ehe üblich ist und vom Ehegatten erwartet werden kann, soll auch bei trauscheinlosen Lebensgefährten das "übliche" Maß ausmachen, wenn es darum geht, ob einer von beiden eine Entschädigung für seine Mithilfe verlangen darf. Übersteigt die Mitarbeit das "Eheübliche", dann gibt es eine Entschädigung; falls nicht, geht man leer aus. Diese Argumentation kann nicht überzeugen.

Eheüblich, und darin sind sich die deutschen Gerichte wieder einig, sind auch gemeinsame Bemühungen und Anstrengungen für den Erwerb einer Wohnung oder den Bau eines Hauses. Ja, selbst die gelegentliche Mitarbeit beim Aufbau eines Geschäftes, eines Gewerbebetriebes oder einer freiberuflichen Praxis des Ehegatten ist durchaus eheüblich. Warum? Die Mitarbeit eines Ehegatten ist mehr als eine bloße selbstlose Gefälligkeit. Die Eheleute sind qua Gesetz verpflichtet, einander zu helfen, die gegenwärtige und zukünftige wirtschaftliche Grundlage der Ehe zu sichern. Das "Eheübliche" ist somit für Eheleute eine gleichsam gesetzlich vorgeschriebene Mitwirkung bei der gemeinsamen Zukunftssicherung. Schließlich leisten Eheleute auch deshalb das "Eheübliche", weil man das was man während der Ehe (Zugewinnehe) "erwirtschaftet" hat, bei Scheidung auch wieder hälftig teilt!

Wer demnach einen unverheirateten Lebensgefährten bei der Trennung einen Vermögensausgleich mit der Begründung ausschlägt, die Mitarbeit habe sich nur im "eheüblichen" Rahmen bewegt, er oder sie habe nicht mehr als das "Eheübliche" geleistet, sagt im Grunde nichts anderes als dieses: Was du zur gemeinsamen Zukunftssicherung beigetragen hast, konnte niemand von dir verlangen, weil du nicht verheiratet warst. Von deinem verflossenen Lebensgefährten aber kannst du erst dann etwas beanspruchen, wenn du soviel geleistet hast, wie man es selbst von einem verheirateten Partner nicht verlangen könnte. Diese in sich widersprüchliche, nicht nachvollziehbare Argumentation kommt der Bestrafung unkonventioneller, weil trauscheinloser Verhältnisse gleich.

Der Bundesgerichtshof, und mit ihm einige andere deutsche Gerichte, haben eine wesentlich einleuchtendere Beschreibung dafür gefunden, was bei Lebensgefährten ohne Trauschein das "übliche" Maß an Mitarbeit oder Zusammenarbeit übersteigt:

- In einer ehelosen Lebensgemeinschaft werden die Leistungen, die im Rahmen gemeinsamer Haushaltsführung jeder für den anderen erbringt, gewöhnlich im Hinblick auf die als gleichwertig angesehenen Leistungen des anderen gewährt und nicht etwa in der Erwartung, hierfür vom Partner eine Bezahlung zu erhalten.

- Es geht aber über den in ehelosen Lebensgemeinschaften gewöhnlichen Rahmen einer gemeinsamen Haushaltsführung hinaus, wenn die geschäftliche Zusammenarbeit so geartet ist, daß weniger "familiäre" Partner solch eine Kooperation nicht ohne rechtliche Bindungen, nicht ohne gegenseitige Verpflichtungen abwickeln würden.

Anders ausgedrückt: Leistungen, die üblicherweise nur gegen Entgelt zu erhalten sind, sofern sie nicht im Rahmen gemeinsamer Haushaltsführung erbracht werden, übersteigen in der Regel das in ehelosen Lebensgemeinschaften "übliche" Maß an Zusammenarbeit. Die Mitarbeit, aber auch die Mitfinanzierung eines Hausbaus oder Dienstleistungen in einem Geschäft, Handwerksbetrieb oder einer freiberuflichen Praxis sind Leistungen, die üblicherweise nur gegen Entgelt erbracht werden. Diese Art der Zusammenarbeit übersteigt daher sicher das "übliche" Maß. Zwei einander fremde Menschen würden solch einen Leistungsaustausch in der Regel nur nach vorheriger vertraglicher Absprache erbringen. Wenn zwei Lebensgefährten in ähnlich gelagerten Fällen eine vertragliche Absprache nicht treffen, dann liegt das an der Besonderheit ihrer Beziehung, die den Blick für mögliche Komplikationen einengt.

Zurück zu unserem Beispiel: Die von Susi während der Lebensgemeinschaft erbrachten Leistungen hatten zweifelsohne solche Ausmaße angenommen, daß es gerechtfertigt ist zu behaupten, ein anderer, außenstehender Dritter hätte diese Mitarbeit nicht ohne eine vertragliche Absprache und nicht ohne Entgelt erbracht. Möglicherweise überstieg ihr Engagement sogar das "Eheübliche", womit auch die Saarbrücker Richter zu demselben Zwischenergebnis kämen: Susi muß für ihre Leistungen irgendwie entschädigt werden.

Dieses Zwischenergebnis sagt jedoch noch nichts über die Höhe der Entschädigung aus. Die Beantwortung dieser Frage hängt davon ab, wie man das Rechtsverhältnis zwischen John und Susi qualifiziert. War Susis Unterstützung mit der Tätigkeit eines angestellten oder freiberuflichen Mitarbeiters zu vergleichen, so ist bei der Entschädigung nur die übliche, vergleichbare Vergütung, die für entsprechende Dienstleistungen gezahlt wird, zu berücksichtigen. Allerdings wohl nicht in voller Höhe, da für die bereits erhaltenen Unterhaltsleistungen (Miete, Kleidung, Essen, Freizeit) je nach den Umständen des Falles ein Abzug angemessen und gerechtfertigt ist. Die äußerst schwierige Aufgabe, darzulegen und zu beweisen, welcher Entschädigungsbetrag angemessen ist, obläge in diesem Fall Susi. Sicher ist, daß Susi bei solch einer Qualifikation des Rechtsverhältnisses nicht am Zuwachs der Vermögenswerte (Wohnungen, Geschäft) partizipieren würde. Sie wäre aber auch nicht verpflichtet, sich an der Tilgung der geschäftlichen Schulden zu beteiligen.

Anders fällt das Ergebnis aus, wenn es beider Willen war, durch gemeinsame Arbeit ein gemeinsames Geschäft aufzubauen, an dem beide beteiligt sein sollten.

Dabei spielt es keine Rolle, ob John nach außen als alleiniger Geschäftsinhaber aufgetreten ist oder nicht. Es reicht auch aus, wenn sich beide nur stillschweigend über eine gemeinsame Beteiligung an dem gemeinsamen Geschäft geeinigt haben. Von einer solchen stillschweigenden Einigung kann man mit Fug und Recht aber erst dann reden, wenn aus den äußeren Umständen auf einen gleichlautenden Willen geschlossen werden kann. Solche äußeren Umstände sind z. B. gemeinsame Kontovollmacht, gemeinsame, nach Absprache getroffene geschäftliche Entscheidungen, äußerlich erkennbare Beteiligung am Gewinn oder Verlust, Äußerungen der beiden Partner Dritten gegenüber und dergleichen mehr. Jedes Kriterium für sich allein reicht nicht aus; das Vorhandensein aller denkbaren Kriterien ist aber auch nicht notwendig. Wichtig ist, daß sich beide Partner dahingehend – wenn auch stillschweigend – einig waren: Wir verwenden unsere Zeit und Arbeitskraft oder auch unser Vermögen für einen gemeinsamen Zweck und können beide einen Anteil am Erfolg beanspruchen.

Läßt sich ein Rechtsverhältnis zwischen zwei Lebensgefährten in dieser Form beschreiben und geht die Zweckverfolgung über das in einer "wilden Ehe übliche Maß" (Haushaltsführung) hinaus, dann kann im Einzelfall die Beziehung zwischen den Partnern eine sogenannte Gesellschaft Bürgerlichen Rechts (BGB-Gesellschaft) darstellen. Das hat bei einer Auflösung der Gesellschaft zur Folge, daß das Gesellschaftsvermögen je zur Hälfte geteilt werden muß. Unter diesen Umständen wäre Susi dann auch am Wert der Wohnungen zu beteiligen, vorausgesetzt, die Wohnungen sind mit Mitteln des Gesellschaftsvermögens finanziert worden.

Hierzu noch ein Urteil des Bundesgerichtshofs von 1982:

"Bei der nichtehelichen Lebensgemeinschaft bestehen weder rechtliche Mitarbeitspflichten noch gesetzliche Ausgleichsmöglichkeiten. Unterschiedlicher Umfang und unterschiedliche Qualität der Mitarbeit beider Partner können daher, sofern es sich nicht nur um bloße Gefälligkeitshandlungen eines Partners im Rahmen des Zusammenlebens handelt, im allgemeinen nur dadurch eine angemessene Berücksichtigung finden, daß die Quote der Beteiligung an dem als gemeinschaftlich behandelten Unternehmen nach Billigkeit unterschiedlich hoch festgelegt wird."

Wie muß nun der Fall Susi entschieden werden? Fragen Sie mich bitte etwas Leichteres. Es ist keine rechtliche, sondern eine tatsächliche Frage, ob Susi und John eine gemeinsame Beteiligung am Geschäft gewollt haben. Im Streitfall gehen die Meinungen der Lebensgefährten über die ursprünglichen, gemeinsamen, wenn auch stillschweigenden Absichten erfahrungsgemäß immer auseinander. Ginge man vor Gericht, so müßte Susi beweisen, daß beide im Innenverhältnis eine gemeinsame Beteiligung gewollt hatten. Da die deutschen Gerichte insbesondere bei trauscheinlosen Lebensgefährten sehr strenge

Anforderungen an die Darlegung und an den Beweis solcher Behauptungen stellen, können die Erfolgschancen eines solchen Prozesses nur mit 50/50 eingeschätzt werden.

Das Ende des Falles Susi

Die Lebensgemeinschaft von Susi und John ging im Herbst 1986 zu Ende, weil John plötzlich und unerwartet verstarb. Er hinterließ kein Testament, und so wurde die von ihm getrennt lebende minderjährige Tochter Alleinerbin. Johns geschiedene Frau übte das alleinige Sorgerecht über die gemeinsame Tochter aus und hat sich schließlich und endlich außergerichtlich vergleichsweise mit Susi geeinigt.

Eine abschließende Bemerkung zu diesem Fall. Susis Leistungen wurden nicht zuletzt in der Erwartung erbracht, daß, wie von John versprochen, beide irgendwann einmal heiraten würden. In einem vergleichbaren Fall hat einmal das Oberlandesgericht Stuttgart, nachdem es zu der in Aussicht gestellten Hochzeit der Lebensgefährten nicht gekommen war, der verlassenen Partnerin eine Entschädigung für die bis zur Beendigung der Lebensgemeinschaft erbrachten Leistungen zugebilligt. Darüber, wie im Fall einer Trennung zu entscheiden ist, wenn ein Lebensgefährte ohne Heiratsversprechen über das "übliche Maß" hinaus mitarbeitet oder mitinvestiert, gehen die Rechtsmeinungen – wie könnte es anders sein – auseinander.

Meine Meinung dazu: Hat ein Lebensgefährte seine überdurchschnittliche Mitarbeit im Geschäft oder in der Praxis des Partners in der Erwartung geleistet, daß er wärend der fortdauernden Lebensgemeinschaft in den Genuß der "Früchte" seiner Mitarbeit kommt, so darf nicht anders entschieden werden als in den Fällen der sogenannten Probeehe. Tritt der gewollte Erfolg, nämlich der Genuß des gemeinsam Erarbeiteten nicht ein, so wäre es unbillig, eine Entschädigung zu versagen. Sie käme einer durch nichts zu rechtfertigenden Belohnung des ohnehin wirtschaftlich Stärkeren gleich und einer ebenfalls durch nichts zu rechtfertigenden Bestrafung des wirtschaftlich Schwächeren. Um Mißverständnissen vorzubeugen: Hier soll nicht dem Zugewinnausgleich zwischen Partnern einer "wilden Ehe" das Wort geredet werden. Es geht mir nur um einen fairen Interessenausgleich in Härtefällen.

Die immer noch erkennbare Zurückhaltung einiger bundesdeutscher Richter bei der Zubilligung von "Entschädigungen" ist damit zu erklären, daß der "wilden Ehe" nach wie vor in einigen Bevölkerungskreisen der Makel des Ehrlosen oder Unanständigen anhaftet. Eine mögliche andere Erklärung ist, daß man, zumindest unterschwellig, gesellschaftspolitisch Unerwünschtes ins Abseits drängen will. Gottseidank ist man dabei aber nicht so konsequent wie ein evangelischer Pastor in Bremen und ein katholischer Priester in Herne, die beide die "wilden Ehepartner" vom Abendmahl ausschlossen. Den beiden furchtlosen Kirchenvertretern sei Jesu Bergpredigt und seine Haltung gegenüber Sündern in Erinnerung gerufen.

Fazit: Die Frage war, ob ein Lebensgefährte bei der Trennung einen Vermögensausgleich verlangen kann, ob er also an dem "Zugewinn", der während der eheähnlichen Gemeinschaft erwirtschaftet wurde, beteiligt werden muß. Die Antwort lautet: Grundsätzlich nein! Ein Vermögensausgleich kommt nur insoweit in Betracht, als beide Lebensgefährten gemeinschaftlich ein Geschäft (z.B. auch Kauf oder Bebauung eines Grundstücks) betrieben haben. Voraussetzung: Es war ihr beider Wille, an Gewinnen, aber auch an Verlusten beteiligt zu sein. Ein Vermögensausgleich hinsichtlich solcher Geschäfte jedoch, an denen der jeweils andere Lebensgefährte nicht beteiligt war, kommt anders als in der Zivilehe (Zugewinngemeinschaft) nicht in Betracht.

Auf die Frage, ob der Lebensgefährte bei der Trennung Ersatz für Arbeitsleistungen beanspruchen kann, lautet die Antwort: In ganz seltenen Ausnahmefällen werden solche Arbeitsleistungen vergütet, die normalerweise, also von Dritten, nur gegen Entgelt erbracht werden. In einer eheähnlichen Gemeinschaft zählen dazu aber nicht die Arbeiten, die im Rahmen einer gemeinsamen Haushaltsführung anfallen.

Rückforderung von Geldleistungen und Geschenken

Offen geblieben sind jetzt z. B. noch folgende Fragen:

- Kann man bei der Trennung Geschenke zurückfordern?
- Können Geldleistungen, die einer für den anderen erbracht hat, zurückverlangt werden?
- Wie werden Bankschulden und Bankguthaben aufgeteilt?

Das Oberlandesgericht Hamm hatte im Jahr 1977 folgenden delikaten Fall zu entscheiden: Zwei Lebensgefährten, nennen wir sie Rudolf Rabe und Rita Ratlos, lebten von August 1973 bis Frühjahr 1975 mit kurzer Unterbrechung in eheähnlicher Gemeinschaft zusammen. Während dieser Zeit hat die hilfreiche Rita Ratlos für ihren Gefährten insgesamt DM 13.052,- ausgelegt. Teilweise wurden hiervon Rabes Schulden bei einem Autohaus bezahlt, teilweise erhielt Rabe das Geld auch persönlich ausgehändigt. Das Leben auf Pump und damit auch die Zweisamkeit endeten im März 1975, als Rita Ratlos erfuhr, daß der Unglücksrabe es schon seit November 1974 hinter ihrem Rücken mit anderen Frauen trieb. Rita kündigte hierauf nicht nur die Freundschaft, sondern auch das "Darlehen" über DM 13.052,- und verlangte umgehende Rückzahlung. Als Rudi Rabe einwandte, das Geld sei ihm doch geschenkt worden, widersprach sie, erklärte aber vorsichtshalber den Widerruf der Schenkung wegen groben Undanks. Das Oberlandesgericht Hamm gab Fräulein Ratlos teilweise recht. Sie durfte DM 3.000,- von insgesamt DM 13.052,- zurückverlangen. Das entsprach dem Betrag, den Rudi seit November 1974, also seit der Zeit seiner Seitensprünge, noch von Rita kassiert hatte. Die Begründung des Urteils ist aufschlußreich. Rita, fanden die Richter, könne nicht beweisen, daß es sich um geliehenes Geld handle. "Die Lebenserfahrungspflicht spricht nicht dafür, daß solche Zuwendungen in einer eheähnlichen Gemeinschaft als Darlehen erfolgen." Vielmehr muß, so die überwiegende Meinung der deutschen Gerichte zu diesem Problem, in der Regel davon ausgegangen werden, daß solche Zuwendungen stets ohne Erwartung erbracht, also geschenkt werden.

Einen Schenkungswiderruf wegen groben Undanks konnte Rita, so das Gericht, zwar wirksam geltend machen; aber nur hinsichtlich der Geldbeträge, die der unanständige Rabe seit November 1974, also seit Beginn der Seitensprünge erhalten hatte, nämlich DM 3.000,-. Die Begründung des Gerichts im Wortlaut: "Grundlage des Widerrufsrechts ist die Störung des Pietätsverhältnisses und des natürlichen Dankbarkeitsgefühls zwischen Schenker und Beschenktem aus Mangel an Dankbarkeit. Eine schwere Verfehlung, die groben Undank zeigt, liegt darin, daß der Beklagte (Rudi Rabe) noch Geldgeschenke von der Klägerin (Rita Ratlos) angenommen hat, als er sich bereits anderen Frauen zugewandt hatte. Auch wenn die Beziehungen zwischen den Parteien (Lebensgefährten) frei waren, so entsprach ihnen ein achtenswertes Vertrauensverhältnis, das nicht von einer Partei selbstsüchtig ausgenutzt werden durfte. Es stellt einen groben Vertrauensbruch und eine Herabsetzung der Würde der Klägerin dar, daß der Beklagte ihr gegenüber vorgab, ein liebevoller Partner zu sein, und erhebliche Zuwendungen der Klägerin, die ihm vertraute, annahm und gleichwohl Kontakt zu anderen Frauen pflegte. Zu Recht empfand die Klägerin das Verhalten des Beklagten als schwere Kränkung.

Die Begründung ist wohl zutreffend. Aber was Ihnen und mir sofort einleuchtet, ist so selbstverständlich nicht, wenn man bedenkt, daß die Lebensgefährten nicht einmal durch einen Vertrag wirksam zur gegenseitigen geschlechtlichen Treue verpflichtet werden können. Das Gericht hat denn auch nicht den Verdacht aufkommen lassen, daß etwa die sexuelle Untreue für sich allein gesehen zur Rückforderung von Geschenken berechtigt, und führte dazu aus:

"Keinesfalls stellte es eine schwere Verfehlung dar, als sich der Beklagte im November 1974 anderen Frauen zuwandte. Dies war ein seiner persönlichen Freiheit folgendes Recht, nachdem die Klägerin willentlich auf den Schutz, den das Gesetz partnerschaftlichen Beziehungen bietet (Ehe), verzichtet hat ... Die besondere Eigenart der schweren Verfehlung des Beklagten bezog sich aber darauf, daß er gleichzeitig Geschenke annahm und sich anderen Frauen zuwandte. Ohne diesen unmittelbaren Zusammenhang fehlte es an einer solchen

Verfehlung, so daß die vorher liegenden Geschenke nicht mit von ihr (der Verfehlung) umfaßt werden."

Auf deutsch gesagt: In der eheähnlichen Gemeinschaft ist Fremdgehen erlaubt! Wer aber untreu ist, darf sich nicht auch noch von seiner betrogenen Freundin aushalten lassen.

Um wesentlich mehr Geld ging es in einer aufsehenerregenden Entscheidung des höchsten deutschen Zivilgerichts aus dem Jahre 1980. Dem vom Bundesgerichtshof entschiedenen Fall lag folgender Sachverhalt zugrunde:

Eine ledige Frau, nennen wir sie Frau Einsam, und ein noch verheirateter Mann, nennen wir ihn Großmut, lebten von März 1975 bis Januar 1977 in eheähnlicher Gemeinschaft. Sie bewohnten ein Haus, welches Frau Einsam 1975 gekauft hatte. Die Anzahlung auf den Kaufpreis in Höhe von DM 81.000,- hatte Herr Großmut geleistet. Beide, Einsam und Großmut, nahmen zur weiteren Finanzierung ein Darlehen in Höhe von DM 230.000,- auf. Im Januar 1977 starb Großmut. Er hatte bis zu seinem Tode an die Bank zur Tilgung des Darlehens insgesamt DM 39.292,- bezahlt. Die Witwe Großmut und ihre beiden Kinder verlangten von der Lebensgefährtin Einsam die Rückzahlung sämtlicher Beträge, die der verstorbene Großmut für das Haus geleistet hatte, also insgesamt DM 120.292,-

Der Bundesgerichtshof lehnte das ab. Das Geld, so die Richter, sei nicht etwa darlehensweise gegeben, also geliehen worden, vielmehr habe der Verstorbene diese Zahlung geleistet, ohne dabei zu erwarten, daß seine Lebensgefährtin an ihn zurückzahlen würde. Wörtlich heißt es: "Wenn die Partner (einer nichtehelichen Lebensgemeinschaft) nicht etwas Besonderes unter sich geregelt haben, werden persönliche und wirtschaftliche Leistungen nicht gegeneinander aufgerechnet. Beiträge werden geleistet, sofern Bedürfnisse auftreten, und, wenn nicht von beiden, so von demjenigen erbracht, der dazu in der Lage ist. Soweit nachträglich noch etwas ausgeglichen wird, geschieht dies aus Solidarität, nicht in Erfüllung einer Rechtspflicht, wie überhaupt Gemeinschaften dieser Art – ähnlich wie einer Ehe – die Vorstellung fremd ist, daß für Leistungen im gemeinsamen Interesse ohne besondere Vereinbarungen Gegenleistungen, Wertersatz, Ausgleichung oder Entschädigung verlangt werden. Das ist mit gemeinschaftlichen Schulden nicht anders, die im Interesse des Zusammenlebens eingegangenen und von dem einen oder anderen Teil abbezahlt werden." Der Bundesgerichtshof war also der Meinung, daß Herrn Großmuts Zahlungen wohl überwiegend den Zweck hatten, ein gemeinsames Zusammenleben in dem (teilweise) von Herrn Großmut finanzierten Haus zu ermöglichen.

Das Urteil läßt an Klarheit nichts zu wünschen übrig und muß als sensationell bezeichnet werden, hält man sich vergleichbare Urteile aus den 50er und 60er Jahren vor Augen. Damals hätten deutsche Richter die Schenkungen und Zuwendungen des Herrn Großmut wohl überwiegend als sittenwidrig bezeichnet. So meinte der Bundesgerichtshof noch 1968: "Letztwillige Zuwendungen, mit denen ein verheirateter Mann eine Frau für den mit ihr gepflogenen ehebrecherischen Verkehr belohnen oder zur Fortsetzung solchen Verkehrs bestimmen will, verstossen in der Regel gegen die guten Sitten mit der Folge, daß sie nichtig sind ... Die Sittenwidrigkeit entfällt nicht schon deshalb, weil die Ehegatten sich auseinandergelebt haben und der eine von ihnen sein Einverständnis damit erklärt hat, daß der andere intime Liebesbeziehungen zu einem Dritten aufnimmt."

Halten wir also fest: Zuwendungen in einer eheähnlichen Gemeinschaft erfolgen, wenn sich aus den Umständen nichts anderes ergibt, in der Regel unentgeltlich und können nicht, auch nicht von den Erben, zurückverlangt werden.

Gleichzeitig hat der Bundesgerichtshof in diesem Urteil aber noch eine andere wichtige und wohl selbstverständliche Feststellung getroffen. Obwohl beide, Frau Einsam und Herr Großmut, das Darlehen aufgenommen hatten, muß (im Innenverhältnis) die restliche Darlehensschuld in Höhe von ca. DM 190.000,- allein von Frau Einsam bezahlt werden, da ihr der Erwerb des Grundstückes alleine zugute kommt.

Dazu in Kürze noch folgendes, für die Auseinandersetzung bei der Beendigung einer Lebensgemeinschaft typische *Beispiel*, das ebenfalls kürzlich vom Bundesgerichtshof entschieden wurde:

Lore Leichtsinn hatte ihrem Lebensgefährten, dem Oberkellner Siegfried Sorglos, bei der Finanzierung seines Pkw geholfen und hierfür einen Kredit in Höhe von DM 3.900,- aufgenommen. Lore Leichtsinn hatte bereits einen Teil des Kredits, nämlich ca. DM 1.300,-, an die Bank zurückbezahlt, als die Lebensgemeinschaft in die Brüche ging und Siegfried Sorglos mit seinem Pkw verschwand. Lore verlangte nun von ihrem Verflossenen die Zahlung des ganzen Betrages, den sie sich bei der Bank für Siegfrieds Auto gepumpt hatte. Der Bundesgerichtshof sprach ihr aber nur DM 2.600,- zu.

Grund: Das Auto gehörte zwar allein Siegfried. Es wurde auch fast nur von ihm, und zwar überwiegend beruflich, genutzt. Den gemeinsamen Lebensunterhalt aber hatten Leichtsinn und Sorglos auch mit Siegfrieds Einkommen bestritten. Somit kam das Auto während der Dauer der Lebensgemeinschaft mittelbar auch Fräulein Leichtsinn zugute. Schlußfolgerung des Gerichts: Sowohl die Ratenzahlungen durch Lore als auch Siegfrieds Beitrag zum gemeinsamen Lebensunterhalt erfolgten, ähnlich wie in einer Ehe, ohne die Erwartung, daß diese Leistungen irgendwann einmal ausgeglichen oder gar zurückerstattet werden. Lore konnte daher die Ratenzahlungen in Höhe von DM 1.300,-, die sie bis zur Beendigung der Lebensgemeinschaft geleistet hatte, nicht zurückfordern. Anders verhielt es sich allerdings mit dem restlichen Kreditbetrag von DM 2.600,-. Da Siegfried den Pkw seit der Trennung nur noch allein benutzt hatte, das Auto dem Fräulein Leichtsinn somit auch mittelbar keinen Vorteil brachte, wurde Siegfried verdonnert, die restlichen Raten von DM 2.600,- alleine zu bezahlen.

Schuldentilgung – insbesondere Kontoausgleich

Die Hälfte aller bundesdeutschen Ehefrauen ist enttäuscht von Ehegatten und Eheleben. Den Ehemännern dagegen scheint es weit besser zu gehen. 85 % von ihnen sind mit Ehe und Ehefrau nahezu uneingeschränkt zufrieden. Resultat: In 70 % aller Ehescheidungen ist es die Ehefrau, die den Mann verläßt.

Anlaß zur weiblichen Unzufriedenheit bieten die Herren zuweilen durch selbstherrliche Vermögenspolitik, wenn Anschaffungen und Investitionen ohne Absprache erfolgen, wenn Erspartes auf die eine oder andere Weise leichtfertig und eigenmächtig ausgegeben wird. Aber auch den Ehefrauen wird gelegentlich allzu unbesorgter Umgang in finanziellen Angelegenheiten nachgesagt. Der bundesdeutsche Ober-Quizlehrer Robert Lembke hielt für solcherlei Mißwirtschaft folgenden Spruch parat: "Man sollte Geld gespart haben, bevor man heiratet. Wenn man weiter sparen will, sollte man sich das Heiraten sparen." Die Tilgung gemeinsamer Schulden scheint ehelosen Lebenskameraden jedenfalls weniger Kopfzerbrechen zu bereiten als den zivilen Ehepartnern.

Für "wilde Ehen", für Zugewinnehen und für Ehen, in denen Gütertrennung vereinbart wurde, gilt gleichermaßen: Jeder haftet allein für seine Verbindlichkeiten. Weder ehelose Lebensgefährten noch Eheleute müssen für die Schulden ihres jeweiligen Partners aufkommen. Die einzige, unbedeutende Ausnahme sind Geschäfte zur Deckung des Lebensbedarfs.

Für gemeinsame Schulden haften Lebensgefährten mit oder ohne Trauschein dem Gläubiger gegenüber auch gemeinsam. Der Grund hierfür liegt nicht etwa darin, daß die Partner in ziviler oder "wilder Ehe" zusammenleben. Ursächlich ist vielmehr regelmäßig die Tatsache, daß sich beide, Mann oder Frau, gegenüber dem Gläubiger verpflichtet haben. Im Innenverhältnis, also im Verhältnis zwischen den verheirateten oder unverheirateten Lebensgefährten mag die Situation, auch wenn man dem Gläubiger gegenüber gemeinsam verpflichtet ist, durchaus anders zu beurteilen sein.

Beispiel 1: Der Ehemann hat beim Aufbau des Geschäfts einen Bankkredit von DM 50.000,- aufgenommen, der zum Zeitpunkt der Scheidung noch in Höhe von DM 20.000,- zur Zahlung offensteht. Auf Wunsch der Bank hatten seinerzeit beide Eheleute den Kreditvertrag unterschrieben.

Die Bank kann jeden von beiden auf Zahlung von insgesamt

DM 20.000,- in Anspruch nehmen (gemeinsame Haftung). Da das Geld dem Geschäft des Ehegatten zugute gekommen ist, kann die Ehefrau jedoch den Betrag von ihrem Mann verlangen, den sie persönlich auf Anforderung oder freiwillig an die Bank zur Tilgung dieses Darlehens geleistet hat. Dieses Ergebnis gilt genauso für Partner einer "wilden Ehe".

Wirtschaftet in einer ehelichen oder in einer eheähnlichen Verbindung jeder aus seinem eigenen Topf, sprich: mit seinem eigenen Konto, so ist die Aufteilung von Schulden oder Guthaben problemlos. Jeder ist für seinen eigenen Topf, d. h. für sein eigenes Konto allein zuständig. Dieser "Idealfall" ist natürlich in Wirklichkeit kein Idealfall, weil kaum durchführbar. So kommt es nicht von ungefähr, daß eheliche und nichteheliche Gefährten überwiegend aus einem Topf, d. h. mit einem Konto wirtschaften.

Beispiel 2: Die arbeitslose Kellnerin Kathrin Kümmel hat eine Glückssträhne in der Person des gutverdienenden Lehrers Ludwig Lümmel erwischt. Zu Beginn ihrer ehelosen Zweisamkeit belief sich das Kontoguthaben des Ludwig Lümmel auf DM 10.000,-. Kathrin Kümmel dagegen verfügte über kein Konto und zahlte ihr mehr oder weniger unregelmäßiges Einkommen, das sie durch gelegentliche Jobs erzielte, ebenfalls auf das Konto des Ludwig ein. Ausgerechnet der Kellnerin Kathrin muß es nun passieren, daß sie beim Servieren des Abendessens über die Türschwelle stolpert. Lümmels Lodenanzug, soeben erstanden, ist beschmutzt, der Teppichboden verschmiert, das Porzellan und die Lebensgemeinschaft zerbrochen. Denn trotz der Scherben ist Lümmel überzeugt, daß Fräulein Kümmel ihm kein Glück mehr bringen wird. Nach 5jähriger Lebensgemeinschaft ist sein Kontoguthaben dahingeschmolzen, ja erstmals in seinem Leben erhielt Lehrer Lümmel von seiner Bank einen blauen Brief wegen roter Zahlen.

Ludwig verlangte, daß sich Kathrin zur Hälfte an den Schulden von insgesamt DM 5.000,- beteiligt. Kathrin Kümmel ist, wie könnte es anders sein, entsetzt. Sie rechnet Ludwig vor, daß er,

Lümmel, das Geld durch Sauferei und Glücksspiele aufgebraucht hat, daß sie äußerst sparsam gelebt habe, daß das Konto mindestens ein Guthaben von DM 10.000,- aufweisen würde, wenn Lümmel das Geld nicht zum Fenster rausgeworfen hätte. Kathrin verlangt also die Hälfte dessen, was bei ordnungsgemäßer "Wirtschaft" übriggeblieben wäre: DM 5.000,-. Das will Lümmel nun gar nicht einleuchten. Erstens, so meint er, habe die Kümmel ihn zu gelegentlichem Spiel und Umtrunk angestiftet, weil sie ihn immer in ihrer Nähe haben wollte, wenn sie hin und wieder in Bars jobbte. Zweitens habe er, Lümmel, zu Beginn des gemeinsamen Haushaltes auf dem Bankkonto ein Anfangsvermögen von DM 10.000,- gehabt, und wenn er es genau nähme, müsse die Kümmel ihm hiervon die Hälfte erstatten, also DM 5.000,- + DM 2.500,- = DM 7.500,-.

Merke: "Im Gegensatz zu Männern würden Frauen ihre Fehler sofort zugeben, wenn sie welche hätten!" (Robert Lembke)

Doch hier zunächst das Ergebnis: Kathrin Kümmel kommt ungeschoren davon. Sie erhält nichts und bezahlt nichts. Ludwig muß sein Konto allein wieder auffüllen.

Bei der Frage, ob und wie ein Kontoguthaben oder eine Kontoschuld zwischen Lebensgefährten aufgeteilt werden muß, kommt es zunächst auf die Art des Kontos an. Ist es ein Girokonto, ein Kreditkonto oder ein Sparkonto?

Das Girokonto

In unserem Beispiel handelt es sich um ein Girokonto, auf dem der tägliche Zahlungsverkehr, Eingänge und Ausgänge, abgewickelt wurde. Wie Kontoguthaben und Kontoschuld auf einem Girokonto verteilt werden, hängt wiederum davon ab, ob einer allein oder beide Lebensgefährten Kontoinhaber sind, ob nur einer allein oder beide mit diesem Konto "arbeiten" usw. Gegenüber der Bank haftet immer nur der Vertragspartner, also der Kontoinhaber. Gegenüber der Bank hat auch nur er allein einen Anspruch auf Auszahlung eines Guthabens. Im Innenverhältnis, also zwischen den Partnern, kann hingegen von Fall zu Fall durchaus etwas anderes gelten. Das Schema auf den folgenden Seiten ist lediglich ein Versuch, die verschiedenen im Innenverhältnis zwischen den Partnern möglichen Rechtsfolgen übersichtlich darzustellen.

In Einzelfällen kann eine gerichtliche Entscheidung auch anders ausfallen, z. B. wenn der beträchtliche Lotteriegewinn oder auch eine Erbschaft des einen Lebensgefährten auf das Konto des anderen Partners geflossen ist. Verfügen beide Lebensgefährten über je ein eigenes Konto, so ist grundsätzlich auch jeder allein für sein Konto verantwortlich, unabhängig davon, ob nur einer oder beide gemeinsam verdienen. Wird jedoch nicht getrennte, sondern auch gemischte Kontowirtschaft geführt (mal fließt sein Einkommen auf ihr Konto oder umgekehrt; mal werden seine Ausgaben von ihrem Konto beglichen etc.), so gilt u. U. wieder das obige Schema hinsichtlich jedes einzelnen Kontos.

Zurück zu unserem Beispiel. Kontoinhaber war allein Ludwig. Sowohl sein Einkommen als auch Kathrins gelegentliche Einkünfte wurden auf dieses Konto eingezahlt. Bei Beendigung der Lebensgemeinschaft war Ludwig mit DM 5.000,- im Minus. In diesem Fall stimmt unser Schema. Ludwig muß das Konto also allein auffüllen. Hätte auch Kathrin Kontovollmacht gehabt, so dürfte Ludwig zu Recht eine Unterstützung durch Kathrin beim Kontoausgleich erwarten. Wer aber, wie Ludwig, allein verwaltet, muß auch allein die Verantwortung – auch im Innenverhältnis – für rote Zahlen tragen. Ludwigs Einwand, das Konto habe zu Beginn der Zweisamkeit ein Guthaben aufgewiesen, bleibt unberücksichtigt. Was verbraucht ist, kann vom jeweils anderen nicht zurückverlangt werden. Dabei spielt es keine Rolle, ob solche Kontobewegungen nur zu Gunsten eines oder zu Gunsten beider Lebensgefährten erfolgten. Etwas anderes gilt selbstverständlich dann, wenn beide Lebensgefährten Kontovollmacht haben und einer von beiden gegen den Willen des anderen nicht unerhebliche Geldbeträge für eigene Zwecke abhebt. Das grenzt nicht selten an strafbares Verhalten, womit sich, nebenbei bemerkt, bundesdeutsche Gerichte auch schon befassen mußten.

Vermögensrechtliche Probleme
bei Beendigung der "wilden Ehe"

Während der "wilden Ehe"	Muß geteilt bzw. ausgeglichen werden?
erworbener Hausrat (Sachen, die entsprechend den Lebens- und Vermögensverhältnissen für gemeinsame Wohnung, Hauswirtschaft oder Zusammenleben bestimmt sind)	Ja, und zwar unabhängig davon, ob einer allein oder beide den jeweiligen Hausrat angeschafft haben, es sei denn, beide Lebensgefährten wollten den einen oder anderen Gegenstand ausschließlich für einen von beiden erwerben. Wer das behauptet, muß es beweisen.
Erworbene Konsumgüter (z. B. Campingausrüstung, aber auch Auto, wenn es von einem überwiegend z. B. beruflich genutzt wird; wird das Auto von beiden benutzt, so zählt es wohl zum Hausrat)	Nein, es sei denn • beide sind Eigentümer (von beiden für beide erworben) • der Nicht-Eigentümer hat den Gegenstand mit einem Darlehen finanziert, welches bei Beendigung der Lebensgemeinschaft noch nicht zurückgezahlt ist.

Wer behält was?	*Wer muß was zahlen?*
Die Lebensgefährten müssen sich hierüber ohne gerichtliche Hilfe einigen. Andernfalls können die Gegenstände auf Antrag eines Lebensgefährten versteigert werden.	Wer den Gegenstand behält, muß 50 % des Zeitwertes an den Partner zahlen.
• Falls beide Eigentümer sind, kann der Gegenstand auf Antrag eines Partners versteigert werden, wenn man sich nicht einigen kann. • Falls nur einer Eigentümer ist, behält er den Gegenstand. allein	• Wer den Gegenstand behält, muß den Partneranteil in Geld ausgleichen (Zeitwert). • Wenn der Nichteigentümer den Gegenstand z. B. über Bankdarlehen finanziert hat, muß der Eigentümer den bei der Beendigung der Lebensgemeinschaft noch offenen Darlehensbetrag allein zahlen, mehr nicht! Also, grundsätzlich auch kein Ausgleich für die während der "wilden Ehe" geleisteten Zahlungen.

Während der "wilden Ehe"	Muß geteilt bzw. ausgeglichen werden?
erworbenes Haus oder Eigentumswohnung oder Bebauung eines Grundstücks	Nein, es sei denn • beide sind Eigentümer (beide sind im Grundbuch eingetragen). • Obwohl nur einer im Grundbuch steht, wollten beide Lebensgefährten übereinstimmend gemeinsam an dem wirtschaftlichen Vermögenswert beteiligt sein. • Der Nichteigentümer hat durch Fremdfinanzierung (Darlehen) mitgeholfen. Das Darlehen ist noch nicht vollständig zurückgezahlt. Die fremdfinanzierte Wohnung, Haus usw. wurde von beiden bewohnt.
Erwirtschaftetes Geschäftsvermögen (nur einer nach außen Geschäftsinhaber)	Nein, es sei denn, beide Partner wollten durch gemeinsame Anstrengung ein gemeinsames Geschäft aufbauen, an dem beide gemeinsam beteiligt sein sollten (sog. Innengesellschaft).

Wer behält was?	**Wer muß was zahlen?**
• Beide Eigentümer: Wen das Miteigentum des "geschiedenen" Partners stört, kann, falls Einigung nicht möglich, Versteigerung betreiben.	• Beide Eigentümer: Hälfte des Verkehrswertes muß an den Partner bezahlt werden, es sei denn, der andere war zu höherem oder geringerem Wert beteiligt.
• Wer im Grundbuch steht, behält das Haus, Grundstück, usw.	• Der Partner kann (meist 50 %) Auszahlung seines Anteils am Verkehrswert verlangen.
• Der Eigentümer behält das Haus, Grundstück und Wohnung.	• Der Eigentümer muß den noch nicht getilgten Teil des Darlehens allein zahlen, mehr nicht.
	Also, grundsätzlich auch kein Ausgleich für die während der "wilden Ehe" geleisteten Zahlungen.
Falls Innengesellschaft: Jeder kann, wenn Einigung nicht möglich, Auflösung des Geschäftes verlangen und mit gerichtlicher Hilfe durchsetzen.	Falls einer Geschäftsinhaber bleibt (also keine Auflösung), muß Wert des Gesellschaftsanteils vom Geschäftsinhaber ausgezahlt werden! Bei Auflösung mit gerichtlicher Hilfe anteilmäßige Verteilung des Erlöses.

Während der "wilde Ehe"	Muß geteilt bzw. ausgeglichen werden?
geleistete Arbeit für den Partner	Nur Ausgleich, wenn die Arbeit für den Partner in Erwartung einer versprochenen Ehe über das "Übliche" hinausging. Hausarbeit, Kindererziehung, Pflege des Partners ist "üblich".
Geldleistungen an den Partner	Nein, es sei denn, das Geld wurde dem Partner geliehen. Wer das behauptet, muß es beweisen. Geldleistungen werden jedoch gewöhnlich nicht in Erwartung der Rückzahlung erbracht.
Geschenke	Nein, es sei denn, die Schenkung kann wegen groben Undanks widerrufen werden. (Z. B. wenn der Lebensgefährte Geschenke von seiner Partnerin entgegennimmt, obwohl er zur gleichen Zeit intime Beziehungen zu einer anderen Frau unterhält.)

Wer behält was?	**Wer muß was zahlen?**
Mehr als "übliche" Mitarbeit berechtigt nicht zur Auflösung des Geschäftes. Natürlich bleibt Geschäftsinhaber weiterhin allein Geschäftsinhaber.	Falls mehr als "übliche" Mitarbeit in Erwartung einer versprochenen Ehe, muß der Wert der Arbeitsleistung in Geld ausgeglichen werden. Gegenleistungen (Wohnort, Essen usw.) werden jedoch abgezogen.
	Geliehenes Geld (Darlehen) muß zurückgezahlt werden.
Bei Widerruf der Schenkung: Rückgabe an den Schenker. Das gilt für Geld- und Sachleistungen.	Der Beschenkte kann u. U. Aufwendungen ersetzt verlangen, wenn er für den geschenkten und zurückgegebenen Gegenstand z. B. werterhaltende oder werterhöhende Investitionen vorgenommen hat.

Die Verteilung von Soll und Haben eines Girokontos
bei Beendigung der eheähnlichen Gemeinschaft

VORAUSSETZUNGEN

Kontoinhaber:	Einkommen:
nur ein Lebensgefährte (Abk. LG)	nur Kontoinhaber hat Einkommen
nur ein Lebensgefährte; der andere hat aber Kontovollmacht	nur Kontoinhaber hat Einkommen
nur ein Lebensgefährte	beide LG beziehen Einkommen, das über das Girokonto läuft.
nur ein Lebensgefährte; der andere hat aber Kontovollmacht	beide LG beziehen ein Einkommen, welches über das Girokonto läuft.
beide Lebensgefährten	nur ein LG bezieht ein Einkommen, welches über das Girokonto läuft.
beide Lebensgefährten	beide LG beziehen ein Einkommen, welches über das Girokonto läuft

RECHTSFOLGEN

Guthaben bei Trennung	Schulden bei Trennung
bleibt ungeteilt beim Kontoinhaber	hat allein der Kontoinhaber zu tragen
bleibt ungeteilt beim Kontoinhaber	hat allein der Kontoinhaber zu tragen, es sei denn, der andere LG hat unerlaubte Kontoverfügung vorgenommen.
wird hälftig zwischen den Lebensgefährten geteilt	hat allein der Kontoinhaber zu tragen.
wird hälftig zwischen den Lebensgefährten geteilt	umstritten: wohl hälftig Teilung, es sei denn, einer hat unerlaubte Abbuchungen zu seinen Gunsten vorgenommen
wird hälftig zwischen den Lebensgefährten geteilt	wird hälftig zwischen LG geteilt, es sei denn, einer hat unerlaubte Abbuchung vorgenommen
wird hälftig zwischen den Lebensgefährten geteilt	wird hälftig zwischen LG geteilt, es sei denn, einer hat unerlaubte Abbuchung vorgenommen

Kreditkonto

Auch beim Kreditkonto, das beispielsweise zur Finanzierung eines Pkw oder eines Hauses eröffnet wurde, gilt, daß gegenüber der Bank nur der Kontoinhaber haftet, es sei denn, der andere Partner hat sich für den Kredit persönlich verbürgt. Im Innenverhältnis zwischen den Lebensgefährten kann etwas anderes gelten. Wer den mit dem Kredit finanzierten Gegenstand bei der Trennung behält, soll grundsätzlich auch die noch offenen Kreditschulden tragen. Diente der Kredit dem Aufbau eines Geschäftes, muß derjenige weiterzahlen, der nach der Trennung weiterhin Nutzen und Vorteile aus diesem Geschäft zieht. Die während der Lebensgemeinschaft an die Bank geleisteten Ratenzahlungen jedoch kann keiner der beiden Lebensgefährten vom jeweils anderen erstattet verlangen, es sei denn, die Lebensgefährten haben etwas anderes vereinbart.

Sparkonto

Nur der Inhaber des Sparkontos bzw. die in einem Sparbuch als Berechtigte ausgewiesene Person hat gegenüber der Bank oder einem sonstigen Sparinstitut Anspruch auf Auszahlung des Guthabens. Auch hier kann im Innenverhältnis zwischen den Lebensgefährten etwas anderes gelten. Wer nachweislich mitgespart, also miteingezahlt hat, kann, obwohl er nicht Kontoinhaber ist, einen Anteil an einem Guthaben von seinem Partner verlangen. War es Sinn und Zweck der Sparsamkeit, unabhängig von den jeweiligen Einzelleistungen, ein gemeinsames Sparvermögen zu schaffen, muß hälftig geteilt werden. Ging es jedoch nicht darum, gemeinsames Sparvermögen zu bilden, sondern wollte nur jeder für sich seine jeweiligen Einkünfte zinsbringend anlegen, dann bekommt jeder das, was er nachweislich geleistet hat. Läuft das Konto auf den Namen beider Lebensgefährten, so wird vermutet, daß das Guthaben beiden zusteht. Folge: Bei der Trennung wird, unabhängig von den jeweiligen Einzelleistungen, hälftig geteilt.

Vermögensauseinandersetzung bei Scheidung einer Zivilehe mit Gütertrennung

Rekapitulieren wir:

1. Die gesetzlichen Bestimmungen über die Vermögensauseinandersetzung bei Scheidung einer Ehe (Zugewinnehe) gelten nicht für die "Scheidung" einer eheähnlichen Gemeinschaft.

2. Hat ein Lebensgefährte während der "wilden Ehe" ein größeres *Vermögen* angesammelt als sein Partner, ist er nicht verpflichtet, den unterschiedlichen Wert auszugleichen.

3. Eine *Beteiligung am Vermögen* des Lebensgefährten kommt ausnahmsweise dann in Betracht, wenn es beider Wille war, durch gemeinsame Arbeit ein gemeinsames Geschäft aufzubauen. Die Beteiligung bezieht sich aber immer nur auf das gemeinsame Geschäft bzw. die Anschaffung, nicht etwa auf das gesamte Vermögen des jeweils anderen Lebensgefährten.

4. Auch wenn ein Anspruch auf Beteiligung am Vermögen des anderen Lebensgefährten nicht besteht, kann unter Umständen ein *Ausgleich* für die während der Lebensgemeinschaft geleisteten Arbeiten verlangt werden, falls diese Arbeiten oder Dienstleistungen über das hinausgingen, was zwischen Partnern einer "wilden Ehe" üblich ist. Hausarbeiten oder ähnliches jedenfalls zählen zu den üblichen Arbeitsleistungen, für die nachträglich keine Vergütung verlangt werden kann. Wer aber z.B. im Geschäft oder der freiberuflichen Praxis oder im Handwerksbetrieb des Partners nicht nur gelegentlich mithilft, der kann hierfür nachträglich eine *angemessene Vergütung* verlangen. Dieses gilt auf jeden Fall dann, wenn er diese Leistung in Erwartung einer zukünftigen Eheschließung erbracht hat. In diesem Sinne ist m.E. aber auch dann zu entscheiden, wenn keine konkrete Heiratsabsichten bestanden.

5. *Geldbeträge*, die einer der Lebensgefährten entweder für beide oder nur für den jeweils anderen während der Lebensgemeinschaft aufgebracht bzw. ausgegeben hat, können bei Beendigung der Lebensgemeinschaft grundsätzlich nicht zurückgefordert werden, es sei denn, die Lebensgefährten

haben etwas anderes vereinbart oder eine *Schenkung* kann wegen groben Undanks widerrufen werden.

6.   Für *gemeinsame Schulden* haften die Lebensgefährten zwar gemeinsam. Es kann aber sein, daß im Innenverhältnis nur einer von beiden zahlungspflichtig ist. Das gilt z. B. dann, wenn bei Beendigung der Lebensgemeinschaft nur noch einer von beiden den Vorteil aus dem Kreditgeschäft genießt. Diese interne einseitige Zahlungsverpflichtung betrifft den Lebensgefährten, der weiterhin Vorteil und Nutzen aus dem finanzierten Gegenstand zieht (z. B. Auto oder Haus), auch dann, wenn im "Außenverhältnis" (also z. B. gegenüber der Bank) nur der andere haftet, etwa weil der andere allein den notwendigen Finanzierungskredit aufgenommen hat.

7.   Hinsichtlich der möglichen Probleme bei der *Auflösung eines Girokontos* muß ich Sie im Rahmen dieser Zusammenfassung auf die obige Tabelle verweisen.

8.   Hinsichtlich der *Schulden auf einem Kreditkonto* gilt das oben bei Punkt 6 gesagte.

9.   *Gemeinsame Sparvermögen* auf einem Sparkonto werden hälftig geteilt, wenn das Konto auf den Namen beider Lebensgefährten lautete, oder – bei nur einem Kontoinhaber – wenn es nachweislich beider Wille war zu teilen. Wer nur gelegentlich auf das Sparkonto des anderen Lebensgefährten eingezahlt hat, kann die Herausgabe der geleisteten Beträge verlangen, wenn feststeht, daß diese Beträge für den Einzahler angelegt wurden.

Für *verheiratete Eheleute*, die in Gütertrennung leben, gelten im Fall der Scheidung grundsätzlich die gleichen "Spielregeln". Die einzige Ausnahme ist Punkt 4.

Der in Gütertrennung lebende Ehegatte kann für Arbeits- oder Dienstleistungen nur dann eine Entschädigung verlangen, wenn seine Leistungen während der Ehe über das Eheübliche hinausgingen. Maßstab für eine mögliche Entschädigung oder Vergütung ist also nicht etwa das, was zwischen Partnern einer "wilden Ehe" üblich ist, sondern das, was in einer Zivilehe üblich ist. Die ständige Mitarbeit beim Aufbau eines Geschäftes oder einer freiberuflichen Praxis beispielsweise, aber auch die tatkräftige Unterstützung beim Bau eines Hauses entspricht bei Ehegatten, anders als bei unverheirateten Lebensgefährten, durchaus dem "Üblichen". *Konsequenz*: Im Gegensatz zu Partnern einer nichtehelichen Gemeinschaft hat der Ehegatte bei der Ehescheidung keinen Anspruch auf Vergütung oder Entschädigung für diese Leistungen.

Sind die in Gütertrennung lebenden Eheleute deswegen schlechter gestellt als die trauscheinlosen Lebensgefährten? Nein, meines Erachtens nicht. Der in Gütertrennung lebende Ehegatte hat nämlich, anders als ein unverheirateter Lebensgefährte, unter bestimmten Voraussetzungen gegenüber seinem Ehepartner einen Unterhaltsanspruch nach der Scheidung (s. nachfolgendes Kapitel). Seine "eheübliche" Mitarbeit trägt also dann, wenn es notwendig ist, auch nach der Scheidung Früchte. Außerdem hat er ja nicht nur eine Verpflichtung zur eheüblichen Mitarbeit. Umgekehrt steht nämlich auch ihm ein Anspruch gegenüber seinem Ehepartner auf "eheübliche" Mithilfe zu.

Vermögensauseinandersetzung zwischen Eheleuten, die in Zugewinngemeinschaft gelebt haben

Damit Sie sich nicht über mangelnde Vollständigkeit beklagen können, hier noch zum Vergleich ein kurzer Überblick über die vermögensrechtlichen Regelungen bei Scheidung einer sogenannten Zugewinnehe.

Eheleute, die vor oder während der Ehe keinen Ehevertrag abgeschlossen haben, leben im sogenannten gesetzlichen Güterstand der Zugewinngemeinschaft. *Vermögensrechtliche Folge:* Was beide Eheleute während der Ehe "hinzugewonnen", erwirtschaftet haben, wird, soweit noch vorhanden, nach Abzug vorhandener gemeinsamer Schulden wertmäßig aufgeteilt. Um den Zugewinn zu errechnen, muß das Vermögen jedes einzelnen Ehegatten zu Beginn der Ehe (Anfangsvermögen) festgestellt werden. Sodann ist das jeweilige Vermögen der Ehegatten zu errechnen, welches am Tag der Einreichung des Scheidungsantrages vorhanden war (Endvermögen). Ein auszugleichender Zugewinn ist nur dann vorhanden, wenn nach Abzug des Anfangsvermögens vom Endvermögen noch ein Plus verzeichnet werden kann.

Merke aber: Wer überschuldet in die Ehe kommt, kann das nicht etwa als eine Art Verlustvortrag verbuchen. Er wird vielmehr, rein rechnerisch, auf Null gestellt.

Beispiel 1: Anfangsvermögen des Herrn Müller: 10.000,- Kreditschulden; Endvermögen des Herrn Müller: 10.000,- Sparguthaben. Wenn Frau Müller keinen Zugewinn hatte, muß der Göttergatte von seinem Endvermögen DM 5.000,- opfern. *Berechnungsweise:*

Endvermögen DM 10.000,-

Anfangsvermögen   DM 0,0 (Grund siehe oben)

Zugewinn   DM 10.000,- (muß hälftig geteilt werden).

Beispiel 2: Herr Müller hatte zu Beginn der Ehezeit Kreditschulden in Höhe von DM 10.000,- und Wertpapiere im Wert von DM 20.000,-. Das Anfangsvermögen beträgt somit DM 10.000,-. Schulden werden dann berücksichtigt, wenn zugleich irgendein Guthaben (hier: Wertpapiere) vorhanden ist.

Beispiel 3: Herr Müller hat einen Zugewinn von DM 10.000,-. Frau Müllers "Vermögensbilanz" ist während der Ehe durch ein Auto, das sie in der Lotterie gewonnen hat, einen Campingwagen, den sie geerbt hat, und einen Brillantring, der ihr geschenkt wurde, um ca. DM 20.000,- gestiegen.

Ergebnis: Trotz dieser verbesserten "Vermögensbilanz" hat Frau Müller keinen auszugleichenden Zugewinn. Grund: Geschenktes, Ererbtes und Gewonnenes bleibt bei der Berechnung des Zugewinns unberücksichtigt. Also muß Herr Müller auch in diesem Fall DM 5.000,- herausrücken.

Abschließende Zusammenfassung: Der eheliche Hausrat bleibt bei der Berechnung des Zugewinns unberücksichtigt; die Aufteilung des Hausrates unterliegt, wie gesagt, eigenen Regeln.

Ein Ausgleich des Zugewinns findet allerdings dann *nicht* statt, wenn dieses eine unbillige Härte bedeuten würde.

Beispiel: Herr Müller hat einen Zugewinn von DM 100.000,-. Frau Müller hat keinen Zugewinn, sie hat aber eine Erbschaft im Werte von DM 500.000,- gemacht. Würde die von Herrn Müller verlangte Ausgleichszahlung die eigene Altersversorgung gefährden, so wäre dieses im Hinblick auf das Vermögen der Ehefrau u. U. eine unbillige Härte.

Ein Zugewinnausgleich findet aber auch dann nicht statt, wenn es der an und für sich ausgleichsberechtigte Ehegatte schuldhaft unterlassen hat, zum Zugewinn beizutragen (beispielsweise als notorischer Trinker oder Faulpelz).

Unterhaltsansprüche nach der Trennung

"Wilde Ehe"

Frl. Angelika Arm
Leopoldstraße 211
8000 München 45

München, 1. 4. 91

Meine liebe Angelika,

glaube mir, es fiel mir nicht leicht, Dich und die Kinder nach 12 erlebnisreichen Jahren voller Glück und Harmonie zu verlassen. Aber ich habe gemerkt, daß unsere unterschiedlichen Vorstellungen von einem Familienleben uns immer weiter auseinandergebracht haben. Bitte verzeih mir, aber ich mußte mich so entscheiden.

Dein Richard

P.S. Meine neue Anschrift lautet übrigens: Dr. Richard Reich, Reichenbachstraße, München. Einen Verrechnungsscheck über DM 500,- für die Kinder (für April) füge ich bei.

Angelika Arm erhält diesen Brief und kann es kaum fassen. Vor genau zwölf Jahren, als sie Richard, damals noch Student, kennenlernte, finanzierte sie ihm die letzten zwei Semester des Medizinstudiums. Zwei Jahre später gab sie ihren Beruf als Sekretärin auf und steht nun allein mit den beiden gemeinsamen Söhne (9 Jahre und 18 Monate alt) "auf der Straße", ohne Einkommen und ohne eigenes Vermögen. Zwar will Richard Reich, der mittlerweile über ein sehr gutes Einkommen aus seiner Zahnarztpraxis verfügt, monatlich DM 500,- für beide Kinder überweisen. Damit kann Angelika jedoch nicht einmal die Miete, geschweige denn die sonstigen Kosten des Lebensunterhalts für sich und die Kinder bestreiten. Abgesehen davon, daß sie aufgrund mangelnder Übung in den letzten zehn Jahren keine Chance hat, rasch einen Arbeitsplatz zu finden, möchte sie auch ihren 18 Monate alten Sohn vorerst noch nicht allein lassen. Verzweifelt und entnervt sucht sie Rechtsanwalt Michael Mutig auf und bittet ihn um Hilfe.

Rechtsanwalt Mutig verfaßt kurzentschlossen folgendes Schreiben an Dr. Richard Reich:

München, 2.4.91

Sehr geehrter Herr Reich,

unter Vorlage einer Vollmacht zeige ich die anwaltliche Vertretung Ihrer Ex-Lebensgefährtin Angelika Arm an. Sie haben in den vergangenen Jahren nicht nur den Kindern, sondern auch Fr. Arm regelmäßig Unterhalt gewährt und versuchen heute sich dieser Verpflichtung, zumindest hinsichtlich meiner Mandantin, in grob rücksichtsloser Weise zu entziehen.

Aufgrund der mir zwischenzeitlich mitgeteilten Einzelheiten steht fest, daß Sie verpflichtet sind, Ihre Lebensgefährtin wenigstens so lange angemessen zu versorgen, bis es die familiäre Situation zuläßt, daß Fräulein Arm wieder einer Tätigkeit als Sekretärin nachgeht. Meiner Mandantin liegt nicht etwa daran, mit Ihrer Unterstützung ein aufwendiges Leben zu führen. Sie hat aber ein Anrecht auf ein menschenwürdiges Leben, und dazu gehört, daß sie während der Erziehung der gemeinsamen Kinder ausreichend zu essen und zu trinken hat. Frau Arm beabsichtigt, den jüngsten Sohn mit drei Jahren in einen Kindergarten zu geben. Sie wird dann auch einer Halbtagstätigkeit nachgehen können.

Bis zu diesem Zeitpunkt aber, also für die nächsten 18 Monate, erwartet sie, nicht zuletzt aus Verantwortung für Ihre gemeinsamen Kinder, daß Sie Ihrer Unterhaltspflicht nachkommen. Angesichts Ihres monatlichen Nettoeinkommens von ca. DM 10.000,- ist es wohl nicht zuviel verlangt, wenn Sie monatlich mindestens DM 800,- für meine Mandantin überweisen. Schließlich und endlich besteht ein Anspruch in dieser Höhe auch deswegen, weil es meine Mandantin war, die Ihre beiden letzten Semester als Medizinstudent vor zwölf Jahren finanziert hat. Für die beiden Kinder verlangt meine Mandantin mindestens DM 800,- monatlich.

Mit vorzüglicher Hochachtung

Michael Mutig
Rechtsanwalt

Wenige Tage später erhält RA Mutig folgendes Schreiben des Kollegen Fritz Frech.

München, 5. 4. 91

Sehr geehrter Herr Kollege,

Herr Dr. Reich hat mich mit seiner anwaltlichen Vertretung beauftragt. Zu Ihrem Schreiben vom 2. 4. 91 habe ich folgendes mitzuteilen:

1.   Das Nettoeinkommen meines Mandanten beträgt nicht durchschnittlich DM 10.000,-, sondern lediglich DM 8.500,- monatlich.

2.   Während der 12jährigen Lebensgemeinschaft, insbesondere in den letzten fünf Jahren, hat es Ihrer Mandantin an nichts gefehlt. Sie wurde ausgesprochen verwöhnt. Insoweit ist die zugegeben großzügige Unterstützung während der letzten beiden Semester des Medizinstudiums längst kompensiert.

3. Es war der freie Entschluß von Frau Arm, mit Herrn Dr. Reich unverheiratet zusammenzuleben. Sie mußte sich von Anfang an darüber im klaren sein, daß diese Beziehung jederzeit beendet werden konnte. Beide Parteien hatten diese Form des Zusammenlebens deshalb gewählt, weil sie eine gesetzliche Reglementierung ihrer Privatsphäre nicht wünschten. Von einer gesetzlichen Unterhaltspflicht kann daher ohnehin nicht die Rede sein. Eine gesetzliche Unterhaltspflicht gegenüber der Mutter eines nichtehelichen Kindes besteht äußerstenfalls bis zum 12. Lebensmonat des Kindes. Der jüngste gemeinsame Sohn ist aber bereits 18 Monate alt.

4. Mein Mandant hat sich aber auch nie verpflichtet, nach einer Trennung Unterhalt zu leisten. Die Tatsache, daß er während der Lebensgemeinschaft Unterhalt geleistet hat, bedeutet jedenfalls nicht, daß er hierzu nach der Trennung weiter verpflichtet ist.

5. Es ist zwar richtig, daß Ihre Mandantin ein Anrecht auf ein menschenwürdiges Leben hat, und natürlich gehört dazu u. a. ausreichendes Essen. Wir haben aber keinen Zweifel, daß Ihre Mandantin staatliche Sozialhilfe erhalten wird, wenn sie einen entsprechenden Antrag stellt.

6. Die Wohnung hat mein Mandant, der, wie Sie wissen, alleiniger Mieter war, zwischenzeitlich gekündigt. Ihre Mandantin muß daher bis spätestens 30. 6. 91 ausziehen. Für Herrn Dr. Reich füge ich einen Verrechnungsscheck über DM 1.000,- als anteiligen Mietzinsbeitrag für die Monate April, Mai und Juni 1991 bei.
Wir betrachten die Angelegenheit damit als erledigt. Was die Unterhaltsforderung für die Kinder betrifft, so komme ich hierauf in einem späteren Schreiben zurück.

Mit kollegialen Grüßen

Fritz Frech
Rechtsanwalt

Dem Schriftwechsel bleibt an und für sich nur noch hinzuzufügen, daß Rechtsanwalt Frech recht hat, obwohl Frau Arm sicherlich die Sympathien der Leser auf ihrer Seite verbuchen kann. Das gewählte Beispiel ist auch gar nicht so abwegig, wie das vielleicht scheinen mag. Eine Unterhaltspflicht gegenüber der "geschiedenen" Lebensgefährtin wird nur dann anerkannt, wenn sich die beiden unverheirateten Lebensgefährten hierüber ausdrücklich geeinigt haben. Mir ist nur *eine* anderslautende Gerichtsentscheidung bekannt und die stammt aus der alpenländischen Nachbarschaft, aus Österreich. Der Oberste Gerichtshof in Wien entschied am 19. 8. 53: "Die Unterhaltsleistungen eines verheirateten Mannes an seine Geliebte, die ihm vier Kinder geboren hat, beruhen auf einer zumindest stillschweigend eingegangenen Verpflichtung, die auch gegenüber der Witwe und Erbin des Mannes wirkt." (Das bedeutet, daß nach Auffassung des österreichischen Gerichts ein solcher Unterhaltsanspruch auch dann besteht, wenn die Lebensgemeinschaft freiwillig beendet wird.)

Wie gesagt, ein Urteil aus Österreich. Diese Rechtsansicht wurde in Deutschland heftig kritisiert und hat keine Chance auf Wiederholung in bundesdeutschen Gerichtssälen.

Mir scheint, daß bei der Diskussion dieser Rechtsfrage das eigentliche Problem, nämlich die Versorgung bzw. Betreuung der Kinder, allzusehr in den Hintergrund geraten ist. Niemand wird bestreiten können, daß die gesunde Entwicklung eines Kindes die ständige Betreuung durch eine Bezugsperson, wenn möglich durch die Mutter, voraussetzt. Dieses gilt zweifelsohne mindestens für die ersten drei Lebensjahre. Es ist sicherlich eine moralische Verantwortung und Pflicht des Vaters gegenüber seinen nichtehelichen Kindern, diese Voraussetzung zu schaffen bzw., soweit möglich, dabei unterstützend mitzuwirken. Gesetzgeber und Richter in Deutschland tragen diesem Gedanken auch konsequent Rechnung, wenn es um eheliche Kinder geht. Dort hat, wie wir noch sehen werden, die geschiedene Mutter einen eigenen Unterhaltsanspruch gegenüber dem Vater des gemeinsamen Kindes, solange sie an einer Berufsausübung nur deswegen gehindert ist, weil sie sich um die Betreuung und Erziehung gemeinsamer Kinder kümmern muß. Die maßgebliche Altersgrenze beträgt dort jedoch nicht 12 Monate, sondern reicht u. U. bis hin zur Vollendung des 15. Lebensjahres.

Diese Regelung ist natürlich im Interesse einer verantwortungsbewußten Erziehung der gemeinsamen Kinder geschaffen worden. An dieser Bewertung ändert sich auch nichts dadurch, daß, wie auf der Hand liegt, die Mutter unmittelbar davon profitiert. Die Mütter nichtehelicher Kinder hingegen kommen maximal während der ersten zwölf Lebensmonate des Babys in den Genuß dieses Unterhaltsanspruches. Offenbar ist der Gesetzgeber der Auffassung, daß außereheliche Kinder nach dem zwölften Lebensmonat nicht mehr einer so intensiven Betreuung durch die leibliche Mutter bedürfen wie die ehelichen Kinder. Ich mache keinen Hehl daraus, daß ich diese Differenzierung für unsachlich und verfassungswidrig halte.

Unterhaltsansprüche bei Scheidung einer Zivilehe

Das mit Fragen des Ehe- und Familienrechts arg strapazierte Bundesverfassungsgericht hat am 14. 7. 81 wieder einmal einen Paragraphen als verfassungswidrig beanstandet. Der Gesetzgeber hatte für richtig und gut befunden, daß dem bedürftigen geschiedenen Ehegatten auch dann Unterhaltsansprüche zustehen, wenn er sich grobes eheliches Fehlverhalten vorhalten lassen muß. Voraussetzung war, der "Eheverfehler" kommt für die Erziehung und Pflege eines gemeinsamen Kindes auf. Das, so meinten die Karlsruher Verfassungshüter, kann im Einzelfall zu weit gehen. Der Gesetzgeber wurde daher aufgefordert, eine flexiblere Regelung zu schaffen, die es den Richtern ermöglicht, angemessene, verhältnismäßige Entscheidung zu treffen.

Ich will mich in der nachfolgenden Übersicht zum Thema "Unterhaltsansprüche bei Scheidung einer Zivilehe" kurz fassen. Den bundesdeutschen Männern wurde das neue Unterhaltsrecht von den Politikern mit dem Hinweis schmackhaft gemacht, daß fortan nach der Scheidung grundsätzlich jeder für seinen Unterhalt aufkommen muß und daß das wechselseitige wirtschaftliche Schicksal mit dem Ende der Ehe aufhört. Insbesondere den potentiell "ehebrüchigen" Männern muß dieses wie Musik in den Ohren geklungen haben, waren sie doch teilweise früher, unabhängig von ihrer wirtschaftlichen

Leistungsfähigkeit, bei verschuldeter Scheidung stets verpflichtet, für ihre Seitensprünge lebenslänglich durch Zahlung des Ehegatten-Unterhalts zu büßen.

Die bundesdeutschen Frauen hingegen frohlockten über das neue Unterhaltsrecht, weil ihnen fortan die Mühe erspart bleibt, den "Seitenspringern" mit kostspieligen Detektiven nachzuspionieren, um somit das Trennungsverschulden nachweisen zu können und weil eigene ehefremde Eskapaden nicht mehr durch Streichung des Unterhalts gesühnt werden mußten. Wer, so lautet seither die Gretchenfrage, lacht zuletzt und damit am besten? Hier die Antwort:

1. Jeder hat für seinen eigenen Unterhalt zu sorgen.

2. Ist die Ehe mittelbarer oder unmittelbarer Grund dafür, daß ein geschiedener Ehegatte nicht selbst für seinen Unterhalt sorgen kann (ehebedingte Bedürftigkeit), so erhält er von dem anderen Ehegatten einen angemessenen Unterhalt, soweit dieser dazu in der Lage ist.

3. Gesetz und Rechtsprechung sprechen von sogenannter ehebedingter Bedürftigkeit, wenn eine der nachfolgend genannten Voraussetzungen vorliegt:

- Der Ehegatte hat keine Möglichkeit, eine Erwerbstätigkeit auszuüben, weil er sich um die Pflege und Erziehung gemeinschaftlicher Kinder kümmern muß;

- der Ehegatte ist aus Altersgründen oder wegen Krankheit erwerbsunfähig;

- der Ehegatte ist nicht in der Lage, einer Erwerbstätigkeit nachzugehen, da er Ausbildungs-, Umschulungs- oder Fortbildungskurse besucht. Der Besuch solcher Kurse wird bei der Prüfung der Frage, ob eine ehebedingte Bedürftigkeit vorliegt, jedoch nur dann berücksichtigt, wenn damit ehebedingte Nachteile ausgeglichen werden sollen, z.B. weil die Berufsausbildung wegen der Ehe abgebrochen wurde;

- der Ehegatte hat keine Möglichkeit, einer angemessenen Erwerbstätigkeit nachzugehen (sogenannte Nerzklausel).

Dem Ehegatten soll nur solch eine Erwerbstätigkeit zugemutet werden können, die der Ausbildung, den Fähigkeiten, dem Lebensalter, dem Gesundheitszustand sowie den ehelichen Lebensverhältnissen entspricht.

Beispiel: Der Sekretärin, die den Direktor geheiratet hat, wird nicht zugemutet, nach der Scheidung an die Schreibmaschine zurückzukehren. Der Ehegatte ist aus schwerwiegenden Gründen gehindert, einer Erwerbstätigkeit nachzugehen.

Liegt eine der oben bezeichneten Voraussetzungen vor (ehebedingte Bedürftigkeit), so muß der leistungsstärkere Ehegatte Unterhalt zahlen. Der bedürftige Ehegatte hat Anspruch auf den Lebensstandard, der ohne Trennung bzw. Scheidung bestehen würde. Das bedeutet, daß der unterhaltsverpflichtete Ehegatte in der Regel mindestens 2/5, höchstens jedoch 3/7 seines Nettoeinkommens (Bruttoeinkommen abzüglich Steuern, Versicherungsbeiträgen, Kindesunterhalt und monatlichen Raten, mit denen gemeinsame Schulden getilgt werden) an den bedürftigen Ehegatten zahlen muß. Dem unterhaltsverpflichteten Ehepartner soll in jedem Fall ein Mindestnettoeinkommen von monatlich ca. DM 1.000,- verbleiben.

Fazit:

Ohne Frage ist es sinnvoller, bei der Beurteilung von Unterhaltspflichten auf Bedürftigkeit anstatt auf "Seitensprünge" abzustellen. Allerdings, vom Grundsatz der Selbstversorgung nach der Scheidung ist wenig übrig geblieben, weil auch heute noch die weit überwiegende Zahl der Ehen nach dem Muster der Hausfrauenehe geführt wird. Die Unterhaltszahlung durch den geschiedenen Mann ist daher in der alltäglichen Praxis de facto – entgegen der Absicht des Gesetzgebers – Regel und nicht etwa Ausnahme geworden. Dieses Ergebnis ist als solches nicht zu beklagen und in vielen Fällen interessengerecht. Verbitterung ruft es jedoch in der Männerrunde allenthalben dann hervor, wenn etwa die Ehefrau "grundlos aus der Ehe ausgebrochen" ist und ein bislang unbekannter Verehrer das Zünglein an der Waage war. "Cherchez la femme?" Oder stimmt es, daß jeder Mann nur die Frau bekommt und vor allen Dingen behält, die er verdient?

Seit dem 1. April 1986 gibt es Neuerungen im Unterhaltsrecht, die vieles von dem festgeschrieben haben, was bundesdeutsche Familienrichter bis zu diesem Zeitpunkt ohnehin oft entschieden hatten. Umstritten nämlich war die Frage, wann Unterhaltsansprüche wegen "grober Unbilligkeit" zusammengestrichen werden dürfen. Von diesem Problem waren vor allem die Damen betroffen. Häufigster Grund: Die seelisch vernachlässigte Gattin hatte sich zu schnell getröstet. Eine Weile lang fristete sie das betrübliche Dasein eines ehelichen Mauerblümchens und blieb dann, trotz äußeren Wohlstands, innerlich unbefriedigt. Dann kam ein außerehelicher Rosenkavalier und die Dame griff zu. Klar, daß sie dem nun angebeteten Befreier nicht auf der Tasche liegen wollte. Warum hat sie zehn oder mehrere Ehejahre lang dem Verflossenen die Schuhe geputzt oder die Betten aufgeschüttelt? Soll er doch zahlen und für ihren Unterhalt sorgen. Hätte er ihr, wie versprochen, die Sterne vom Himmel geholt, wäre sie ja bei ihm geblieben.

Gesetzlich geregelt ist jetzt: Wer den Ehegatten verläßt und einem neuen Lebensgefährten den Haushalt führt, muß sich im Hinblick auf den Unterhalt so behandeln lassen, als ob diese Haushaltsführung bezahlt würde. Je nach Fall werden dafür monatlich DM 600,- bis 900,- angerechnet. Außerdem gilt jetzt: Wenn die Ehe kurz war, kann eine hohe Unterhaltszahlung auf der Basis eines hohen ehelichen Lebensstandards auf kurze Zeit begrenzt werden. Die Unterhaltszahlungen nach einer kurzen Ehe können aber nicht nur in der Höhe gestaffelt, sondern auch zeitlich begrenzt werden. Diese Möglichkeit wurde jetzt gesetzlich verankert. So könnte z. B. die Unterhaltszahlung auf einen Zeitraum befristet sein, der nicht länger als die Ehedauer ist. Neben einer kurzen Ehedauer gibt es noch weitere Voraussetzungen für eine Reduzierung oder einen Ausschluß des Unterhalts. So verwirkt derjenige den Unterhaltsanspruch, der "grundlos" aus der Ehe ausgebrochen ist.

Was uns zu der Gretchenfrage führt: Wann darf man den Gatten oder die Gemahlin verlassen, ohne gleich Kopf und Kragen, sprich Unterhalt zu verlieren?

Nimmt es der Gemahl mit den ehelichen Tugenden wie Treue, Häuslichkeit und Ehrlichkeit, nicht zu genau, so dürfte er seinen Beitrag zur Zerrüttung der Ehe geliefert haben. Um eben einen solchen Anteil an der vielbeklagten Zerrüttung geht es, wenn Billigkeit und Unbilligkeit des Unterhaltsanspruches diskutiert werden. Auch wenn es Ihnen zuwider ist: Um Nachteile für Sie selbst zu vermeiden, müssen Sie konkrete Informationen sammeln und die Verfehlungen des Gemahls beweisen können, wenn Sie sich von ihm trennen wollen. Daran hat auch die Tatsache nichts geändert, daß es im Eherecht kein Schuldprinzip mehr gibt.

Der Unterhaltsanspruch kann auch aus anderen schwerwiegenden Gründen wegen "grober Unbilligkeit" versagt werden, so z. B., wenn Sie sich eines schweren vorsätzlichen Vergehens gegen den zahlungspflichtigen Gatten oder einen seiner nahen Angehörigen schuldig gemacht haben. Zu solchen Vergehen gehört z. B. eine Abtreibung gegen den Willen des Mannes. Oder: Wenn Ihr trunksüchtiger Ehegatte wegen seiner Alkoholsucht seinen Arbeitsplatz verliert, sind Sie zwar grundsätzlich ihm gegenüber unterhaltspflichtig. Allerdings nur, wenn er versucht, seine Sucht mit geeigneten Mitteln, etwa Therapien oder Entziehungskuren, zu bekämpfen. Unterläßt er es, etwas gegen seine Sucht zu tun, dann führt er nach Ansicht unserer Gerichte seine Bedürftigkeit mutwillig herbei und hat keinen Anspruch auf Unterhaltszahlungen durch den anderen Ehepartner. Das Sozialamt wäre dann für ihn zuständig. Der Ehealltag kommt übrigens für die Gerichte als Ursache für die Alkoholabhängigkeit nicht in Betracht.

Der Unterhaltsanspruch kann auch entfallen, wenn der Unterhaltsberechtigte vor der Trennung die Pflicht, zum Familienunterhalt beizutragen, "gröblich verletzt hat" oder wenn er den zahlenden Ehegatten beim Arbeitgeber angeschwärzt und dessen Arbeitsplatz gefährdet hat.

Und noch ein Grund, der wegen "Unbilligkeit" zum Ausschluß

des Unterhalts führen kann, ist seit einer Entscheidung des Bundesgerichtshofs zu berücksichtigen: Lebt der Unterhaltsberechtigte mit einem neuen Partner in einer festen sozialen Verbindung (die auch nach der Scheidung begonnen haben kann), so kann das Erscheinungsbild in der Öffentlichkeit dazu führen, daß "die Fortdauer des nachehelichen Unterhaltes und des damit verbundenen Eingriffs in die Lebensgestaltung für den Verpflichteten unzumutbar wird". Dazu Kurt Tucholsky: "In der Ehe pflegt gewöhnlich einer der Dumme zu sein. Nur wenn zwei Dumme heiraten, das kann mitunter gutgehen."

Besonderheiten in den neuen Bundesländern:

Alles was vorstehend zum Unterhaltsanspruch ausgeführt wurde, gilt auch für die neuen Bundesländer. War die Ehe vor dem Wirksamwerden des Beitritts bereits geschieden, so bleibt allerdings das vorherige Recht (der früheren DDR) maßgebend.

Kindesunterhalt

Nichteheliche Kinder

Sie erinnern sich: Dr. Reich war "großzügigerweise" bereit, für seine nichtehelichen Söhne (18 Monate und 9 Jahre alt) monatlich DM 500,- an Unterhalt zu zahlen. Seine Ex-Lebensgefährtin Angelika Arm forderte über ihren Rechtsanwalt, Herrn Mutig, jedoch monatlich DM 800,- für beide Kinder. Am 20. 4. 91 traf bei Rechtsanwalt Mutig folgendes Schreiben ein.

Sehr geehrter Herr Kollege,

Sie fordern für die nichtehelichen Kinder namens Ihrer Mandantschaft monatlich DM 800,- von Herrn Dr. Reich. Dieses Ansinnen muß entschieden zurückgewiesen werden. Den nichtehelichen Kindern steht laut Regelbedarfsverordnung vom 1. 1. 1985 monatlich DM 228,- (Albert) bzw. DM 276,- (Alfons) zu. Das sind insgesamt DM 504,-. Hiervon muß noch 50 % des Kindergeldes, welches Ihre Mandantin erhält, abgezogen werden. An und für sich müßte Herr Dr. Reich also weit weniger als DM 400,- bezahlen. Er hat sich aber freiwillig zur

Zahlung von insgesamt DM 500,- bereit erklärt. Wenn Ihre Mandantin hiermit nicht einverstanden ist, so wird sich mein Herr Mandant überlegen, ob er nicht lediglich den tatsächlich geschuldeten Betrag bezahlt. Ihrer Frau Mandantin kann daher nur geraten werden, nicht weiter zu insistieren.

Mit kollegialen Grüßen

Rechtsanwalt Frech

Rechtsanwalt Mutig ist mit dieser Antwort gar nicht einverstanden. Nach Rücksprache mit Angelika Arm erhebt er Klage. Zwei Monate nach Klageerhebung ist der Rechtsstreit bereits entschieden. Hier das Urteil:

Im Namen des Volkes
erläßt das Amtsgericht München folgendes

Urteil

1.   Herr Dr. Reich wird verurteilt, für seinen Sohn Albert Arm einen monatlichen Unterhaltsbeitrag von DM 431,- und für seinen Sohn Alfons Arm einen monatlichen Unterhaltsbeitrag in Höhe von DM 502,- zu bezahlen.

2.   Herr Dr. Reich trägt die Kosten des Rechtsstreites.

Begründung:

Es trifft zwar zu, daß der nichteheliche Vater seinen unterhaltsberechtigten Kindern grundsätzlich nur den Regelunterhalt bezahlen muß. Dieser beträgt bei Kindern bis zur Vollendung des 6. Lebensjahres DM 228,-, bis zur Vollendung des 12. Lebensjahres DM 276,- und bis zur Vollendung des 18. Lebensjahres DM 327,-, jeweils monatlich. Dieses sind jedoch nur Mindestbeträge, die ein unterhaltspflichtiger Vater einem nichtehelichen Kind bezahlen muß.

Bei der Errechnung dieses Regelunterhaltes ist man von einem durchschnittlichen Monatseinkommen des Unterhaltspflichtigen in Höhe von ca. DM 900,- bis DM 1.035,- ausgegangen. Wer jedoch, wie Herr Dr. Reich, über ein erhebliches Einkommen verfügt, muß einen höheren Unterhaltsbeitrag leisten.

Maßgeblich für die Höhe des Unterhaltsanspruches eines nicht-
ehelichen Kindes ist neben dem Einkommen des Unterhaltspflichtigen
auch die Lebensstellung beider Eltern. Frau Arm empfängt Sozialhilfe.
Ihre Lebensstellung liegt daher an der untersten Grenze. Auf der
anderen Seite rechtfertigt die Lebensstellung und das Einkommen des
Herrn Dr. Reich für sich allein gesehen die Anerkennung des drei-
fachen Regelsatzes als Unterhalt für Albert und Alfons. Da jedoch die
Lebensstellung beider Elternteile bei der Bemessung des Unterhaltes
zu berücksichtigen ist, erschien es angemessen, den beiden Kindern
jeweils den doppelten Regelsatz als Unterhalt zuzusprechen. Das sind
im Falle Albert DM 456,- statt DM 228,- und für Alfons DM 552,- statt
DM 276,-. Hierauf muß jeweils 50 % des Kindergeldes, welches die
Mutter erhält, angerechnet werden, also bei Albert DM 25,- und bei
Alfons DM 50,-. Somit ergibt sich ein Unterhaltsanspruch für Albert in
Höhe von DM 431,- und für Alfons in Höhe von DM 502,-.

Gez. Siegfried Salomon, Richter am Amtsgericht.

Diesem Urteil ist an und für sich wenig hinzuzufügen. Es erläutert, so gut dies in einer Kurzfassung überhaupt möglich ist, die wichtigsten Grundsätze des nichtehelichen Kindesunterhaltes. Es veranschaulicht möglicherweise auch, daß es, abgesehen vom niedrigsten Regelunterhalt, der grundsätzlich immer geleistet werden muß, keine zuverlässigen Spielregeln für die genaue Bemessung der Unterhaltshöhe gibt. Von Gericht zu Gericht, ja selbst von Richter zu Richter innerhalb ein und desselben Gerichts, können die Entscheidungen höchst unterschiedlich ausfallen.

Besonderheit in den neuen Bundesländern:

Laut Einigungsvertrag kann der sogenannte Regelbedarf in den neuen Bundesländern von den jeweiligen Landesregierungen durch Rechtsverordnung festgesetzt werden, es sei denn, die Bundesregierung nimmt zuvor eine Festsetzung vor. Bislang ist von solch einer Möglichkeit noch nicht Gebrauch gemacht worden. Wenn Sie aber jetzt oder irgendwann zukünftig wissen wollen, ob es bereits eine rechtsgültige Verordnung über den sogenannten Regelunterhalt für nichteheliche Kinder in Ihrem

Bundesland gibt, dann schreiben Sie einfach Ihrem Ministepräsidenten, der die Anfrage an die zuständigen Stellen weitergibt, von wo Sie dann informiert werden.

Unterhalt gegenüber ehelichen Kindern

Der Unterhaltsanspruch von Kindern geschiedener oder getrennt lebender Eheleute läßt sich etwas zuverlässiger berechnen. Dazu folgende Tabelle (Düsseldorfer Tabelle):

Gruppe	Eheliche Kinder nach Nettoeinkommen des Unterhaltspflichtigen in DM	Altersstufen			Bedarfskontroll betrag
		bis Vollendung 6. Lebensjahr in DM	vom 7. bis Vollendung 12. Lebensjahr in DM	vom 13. bis Vollendung 18. Lebensjahr in DM	
1	bis 2100	240	290	345	1000
3	2100-2400	270	315	375	1100
4	2400-2800	295	360	425	1230
5	2800-3400	330	400	475	1320
6	3400-4000	365	440	525	1455
7	4000-4800	420	510	605	1685
8	4800-5800	480	580	685	1910
9	5800-7000	545	660	785	2185
	über 7000	nach den Umständen des Falles			

Bei der Errechnung obiger Unterhaltssätze hat man das "typische Familienbild" (Eheleute mit zwei Kindern) zugrunde gelegt. An dieser sogenannten Düsseldorfer Tabelle orientieren sich die deutschen Gerichte überwiegend, wenn um den Kindesunterhalt gestritten wird. Abweichungen nach oben oder unten sind vor allen Dingen dann angemessen, wenn der Unterhaltsverpflichtete neben dem geschiedenen Ehegatten für weniger oder mehr als zwei Kinder Unterhalt leisten muß.

Der sogenannte Bedarfskontrollbetrag in der rechten Spalte soll sicherstellen, daß dem Unterhaltspflichtigen (meist der Vater) mindestens der dort genannte Betrag nach Abzug des Ehegatten- und Kindesunterhalts verbleibt. Wo das beispielsweise wegen des Ehegattenunterhalts jedoch nicht möglich ist, wird der Tabellenbetrag der entsprechend niedrigeren Gruppe als Unterhalt zugesprochen.

Ergebnis: Grundsätzlich hat man es im Laufe der Zeit durch Reformen geschafft, den nichtehelichen Kindesunterhalt dem ehelichen Kindesunterhalt anzugleichen. Dennoch, einen leichten Punktvorteil genießen die ehelichen Kinder nach wie vor. Bei den nichtehelichen Kindern wird der Unterhaltsanspruch oft schon deshalb geschmälert, weil man die Lebensstellung einer vermögenslosen Mutter als Maßstab für die Unterhaltshöhe mit heranzieht. Das kann dem ehelichen Kind nicht passieren. Hier kommt es in der Praxis fast ausschließlich auf das Einkommen des Vaters bzw. des Unterhaltspflichtigen an.

Berechnung des Unterhalts für Ehegatten

Unser höchstes Zivilgericht, der Bundesgerichtshof, hat in einem Grundsatzurteil überzeugend klargestellt, daß unser Unterhaltsrecht weiß Gott nicht einfach ist:

"Feste Richtlinien oder sog. Faustregeln für die Bemessung der Höhe des Unterhalts können, auch wenn sie die tägliche Praxis, insbesondere die anwaltschaftliche Beratung und die richterlichen Entscheidungen erleichtern, nicht verwendet werden, ohne daß jeweils geprüft wird, ob und inwieweit die Umstände des einzelnen Falles Abweichungen notwendig machen. Feste Richtlinien oder Faustregeln passen ohnehin nicht für die Regelung der Unterhaltspflicht zwischen Ehegatten, die in ungewöhnlich guten wirtschaftlichen Verhältnissen leben."

A. *Getrennt lebende Ehegatten:*

1. Angemessener Unterhalt bemißt sich nach einer Quote des Nettoeinkommens des unterhaltspflichtigen Ehegatten bis zur Grenze von dessen Mindestselbstbehalt. Vorweg sind vom unterhaltspflichtigen Einkommen in der Regel der Unterhalt für minderjährige Kinder (Tabellensatz ohne Kindergeldabzug) abzuziehen. Betreut der Barunterhaltspflichtige ein gemeinsames Kind, ist auch die Betreuungsleistung abzuziehen. Ferner

ist das eigene Nettoeinkommen des Unterhaltsberechtigten abzuziehen. Art und Umfang der Anrechnung von Einkommen, das der Unterhaltsberechtigte erst nach der Trennung oder Scheidung erzielt, das mithin die ehelichen Lebensverhältnisse bis zur Trennung nicht mitbestimmt hat, bleiben offen. Erzielt der Unterhaltsberechtigte Einkommen aus unzumutbarer Arbeit, richtet sich das Maß der Anrechenbarkeit nach den Umständen des Einzelfalles. Der Unterhalt wird stets nach oben begrenzt durch den vollen Unterhalt nach den ehelichen Lebensverhältnissen (§ 1578 BGB).

2. Die Quote des angemessenen Unterhalts beträgt zu Lasten des unterhaltspflichtigen erwerbstätigen Ehegatten 3/7 bis zur Grenze seines Selbstbehalts. Krankenversicherungsbeiträge und Vorsorgeunterhalt sind darin nicht enthalten. Krankenversicherungsbeiträge, soweit nicht in der gesetzlichen Familienversicherung enthalten, und Vorsorgeunterhalt sind zuvor vom Nettoeinkommen abzuziehen.

3. Der nicht erwerbstätige Ehegatte schuldet 45 % bis zur Grenze seines notwendigen Eigenbedarfs.

4. Konkret belegter Mehrbedarf des Unterhaltsverpflichteten und -berechtigten infolge von Krankheit, altersbedingter körperlicher oder geistiger Behinderung oder sonstiger die Lebensführung erschwerender Umstände ist vorweg vom Einkommen des Unterhaltspflichtigen abzuziehen. Dies gilt nicht, wenn auch ohne Abzug oder Hinzurechnung der Mehrbedarf aus der Quote in angemessener Weise gedeckt werden kann.

5. Erwerbstätigkeit (im Sinne von § 1361 Abs. 2 BGB) ist schon bei einem Kind unter 8 Jahren in der Regel nicht zumutbar.

B. *Geschiedene Ehegatten*

1. Grundsätzlich muß jeder Ehegatte nach rechtskräftiger Scheidung selbst für seinen Unterhalt sorgen, es sei denn, er "kann" das nicht (§ 1569 BGB).

2. Kinderbetreuungsunterhalt (§ 1570 BGB) kann in der Regel jedenfalls verlangt werden bei: einem Kind unter 8 Jahren; bei

mehreren Kindern unter 14 Jahren. Arbeitet der betreuende Elternteil dennoch, so ist von seinem Einkommen nur ein zumutbarer Teil nach Maßgabe der Regelung des § 1577 Abs. 2 BGB anzurechnen.

Einkünfte, die den vollen Unterhalt i.S. von § 1577 Abs. 2, 1578 BGB übersteigen, sind unter Berücksichtigung der Umstände des Einzelfalles anzurechnen.

C. Anrechenbare Einkommen des Unterhaltsberechtigten:

1. Nettoeinkommen aus zumutbarer Erwerbstätigkeit;

2. Ausbildungs-Nettovergütung (Bruttovergütung abzüglich Steuern und Sozialabgaben), abzüglich berufs- und ausbildungsbedingter Mehraufwendungen und etwaiger sonstiger im Vergleich zu gleichaltrigen Schülern bestehender Mehraufwendungen. Der Mehraufwand kann erfahrungsgemäß mit 130 DM angesetzt werden. Die Frage einer Aufteilung der Ausbildungsvergütung zwischen Barunterhaltspflichtigen und Betreuenden ist noch offen;

3. BAföG-Leistungen (jedenfalls soweit sie endgültig und nicht nur darlehensweise gewährt werden);

4. Kranken- und Arbeitslosengeld;

5. Renten jeder Art;

6. Wohngeld unter Beachtung des Wohnkostenbedarfs. (Das Problem der Wohngeldanrechnung ist noch nicht geklärt.)

D. Nicht anrechenbares Einkommen des Unterhaltsberechtigten:

1. Freiwillige Zuwendungen Dritter sind dann nicht anrechenbar, wenn sie den Unterhaltspflichtigen von seiner Unterhaltspflicht gerade nicht entlasten, vielmehr dem Bedachten zusätzliches Einkommen gewähren sollen;

2. Sozialhilfe;

3. Geringer Verdienst aus Nebenarbeiten, insbesondere aus Werkstudenten- und Schülerarbeit.

Leistungsfähigkeit des Unterhaltsverpflichteten

A. Anrechenbares (= bereinigtes) Nettoeinkommen

1. Arbeitseinkommen für *normale Arbeitsbemühung*:

Normales Arbeitsentgelt jeder Art, auch soweit es in Sachbezügen oder ähnlichen Zuwendungen (z. B. verbilligter Einkauf, verbilligtes Essen, verbilligtes Wohnen usw.) besteht. Dazu gehören insbesondere auch: Weihnachtsgeld, Urlaubsgeld, Ortszuschlag, Ministerialzulage, Entgelt für die Betreuung anderer (auch Verwandter, z. B. verdienender Kinder oder – eheähnliches Verhältnis – von Lebensgefährten), Erschwernis und Leistungszulagen (wenn berufsüblich), Gewinnbeteiligung, Sonn- und Feiertagszuschläge, wenn Arbeit an Sonn- und Feiertagen (auch Schichtarbeit) berufstypisch oder üblich.

2. Arbeitseinkommen aus *zusätzlicher Arbeitsbemühung*:

(Überstunden, Mehrarbeit): in der Regel zu 50 % anrechenbar, wenn geringfügig, berufstypisch, üblich oder betriebsbedingt.

3. Entgelt für *berufsbedingte Aufwendungen*

- *Spesen* sind voll dem unterhaltspflichtigen Einkommen zuzurechnen, wenn sie tatsächlich verschleiertes Arbeitseinkommen sind. In jedem Fall ist die Eigenersparnis Einkommen. Im Zweifel wird man in der Regel 1/2 als unterhaltspflichtiges Einkommen anrechnen können;

- Für *Auslösungen*, *Trennungsgelder*, Trennungsentschädigung, Montageprämien u. a. gilt obiges entsprechend.

- *Auslandszulagen*, z. B. im diplomatischen Dienst, sind in Höhe des "Kaufkraftausgleichs" nicht, in Höhe des "Auslandszuschlags" aber dem unterhaltspflichtigen Einkommen zuzurechnen, es sei denn, der Unterhaltspflichtige bewiese konkret auch insoweit einen Mehrbedarf.

4. *Einkommen Nichtarbeitender*

- *Vermögenseinkommen* ist voll anrechenbar.

- *Freiwillige Zuwendungen Dritter* sind dann nicht anrechenbar, wenn sie den Unterhaltspflichtigen in bezug auf die Unterhaltspflicht gerade entlasten sollen.

- *Bezüge bei Krankheit* (Lohnfortzahlung, Krankengeld) sind anrechenbar, da Einkommensersatz.

- *Streikgeld* ist anrechenbar, da Einkommensersatz.

- *Arbeitslosengeld, Arbeitslosenhilfe, Kurzarbeitsgeld*, Schlechtwettergeld sind anrechenbar, da Einkommensersatz.

- *Renten jeder Art*, Pensionen und sonstige Ruhestands- oder Nichtarbeitsbezüge sind als Einkommensersatz anrechenbar.

- *Blindengeld* ist anrechenbar.

- *Kinderzuschüsse und Kinderzulagen* bei Renten, soweit nicht ganz oder teilweise kindergeldgleich anrechenbar, sind unterhaltspflichtige Einkommen.

5. *Sozialstaatliche Zuwendungen*

- *Kindergeld* ist kein unterhaltspflichtiges Einkommen.

- *Sozialhilfe* dient nur dem Bedarf des Unterhaltspflichtigen und ist kein unterhaltspflichtiges Einkommen.

- Endgültige Leistungen nach *BAföG* sind unterhaltspflichtiges Einkommen.

- *Arbeitgebersparzuwendungen* sind nicht Teil des unterhaltspflichtigen Einkommens, wenn vermögenswirksame Leistungen vom unterhaltspflichtigen Einkommen nicht abgezogen werden. Werden sie abgezogen, ist die Sparzuwendung dem unterhaltspflichtigen Einkommen zuzurechnen.

6. *Steuervorteile*:

sind meist unterhaltspflichtiges Einkommen, auch wenn sie nur aufgrund neuer Familienverhältnisse des Pflichtigen entstehen.

7. *Mehraufwand*:

als konkrete Folges des Anlasses einer Zuwendung nach allgemeinen Grundsätzen bedarfserhöhend zu berücksichtigen.

B. *Abzüge vom Bruttoeinkommen*

1. *Steuern:*

Einkommen-, Lohn-, Kirchensteuern, und zwar nach der dem Familienstand und gegebenenfalls dem der Einkommensquote des Pflichtigen und dessen Ehegatten wirtschaftlich angemessenen Steuerklasse. Maßgebend ist jeweils die effektive Jahres-Steuerschuld unter Berücksichtigung auch von Jahres-Steuerausgleichen. Steuern für nicht notwendige Lebensbedürfnisse (z. B. Hundesteuer) sind nicht absetzbar.

2. Gesetzliche *Vorsorgeaufwendungen*:

für Krankheit, Erwerbsunfähigkeit, Alter, Arbeitslosigkeit: Freiwillige Vorsorgeaufwendungen in angemessener Höhe; soweit Ersatz für gesetzliche, mindestens in deren Höhe.

3. Beruflich notwendige Aufwendungen:

z. B. *Fahrtkosten und Arbeitsmittel*: Sie sind konkret darzulegen und zu belegen – sowie übliche Beiträge zu berufsständischen Verbänden und ähnlichen Organisationen. Gegebenenfalls kann unter den Voraussetzungen des Paragraphen 287 ZPO eine Schätzung über die Höhe der Aufwendungen stattfinden. Für Pkw-Kosten können in der Regel die Kostenansätze gemäß Paragraph 9 Abs. 3 S. 1 des Gesetzes über die Entschädigung von Zeugen und Sachverständigen herangezogen werden.

4. *Schulden*, in angemessenen Tilgungsraten, insbesondere:

* einvernehmlich – insbesondere während der Ehe – begründete und nicht zumutbare abzulösende, insbesondere für Hausrat- und Wohnungsbeschaffung; die Einvernehmlichkeit der Begründung von Schulden in der Zeit ehelichen Zusammenlebens wird vermutet;

* *Scheidungskosten*;

* *außerordentliche Aufwendungen* für Beruf und Hausstand unter Berücksichtigung der nach den Lebensverhältnissen des Unterhaltsverpflichteten üblichen und zumutbaren Gepflogenheiten der Kreditbeschaffung;

- rechtlich vorrangige Unterhaltsverbindlichkeiten;

- sonstige unabwendbare außerordentliche Aufwendungen.

C. *Eigenbedarf des Unterhaltsverpflichteten (Selbstbehalt)*

1. *Mindestbedarf* (*notwendiger Selbstbehalt*)

bei Ansprüchen minderjähriger Kinder und getrennt lebender Ehegatten:

- erwerbstätiger Unterhaltsverpflichteter: DM 900,-;
  darin enthalten DM 220,- Miete und DM 110,-
  Mietnebenkosten (Erhöhung des Selbstbehalts, bei Nachweis
  einer erheblichen und nach den Umständen nicht
  vermeidbaren Überschreitung dieser Mietunkosten);

- nicht erwerbstätiger Unterhaltsverpflichteter: DM 825,-
  (Miete und Mietnebenkosten wie oben).

bei Ansprüchen geschiedener Ehegatten:

- §§ 59, 58 EheG, § 1581 BGB: wie oben; im Einzelfall kann ein
  höherer Betrag angemessen sein.

- § 60 EheG: mindestens 1200,- DM.

2. Angemessener Bedarf (*Selbstbehalt*): mindestens DM 1.200,-

Versorgungsausgleich

Oft genug beanspruchen unverheiratete Lebensgefährten mit zum Teil waghalsigen Konstruktionen ähnliche Rechte wie Eheleute. Es ist aber wohl noch nie jemand auf die Idee gekommen, die gesetzlichen Regeln über den Versorgungsausgleich bei "Scheidung" einer eheähnlichen Gemeinschaft anzuwenden. Was ist das eigentlich, Versorgungsausgleich?

Während nach dem alten Scheidungsrecht im Falle der Scheidung zwar bereits der gemeinsame Hausrat und das während der Ehe gemeinsam Erwirtschaftete (Zugewinn) zu teilen war, sollen nach dem neuen Scheidungsrecht auch die Altersversorgungsansprüche zwischen den Ehepartnern geteilt werden. Zu teilen sind diese Ansprüche, wenn sie während der Ehe entstanden sind, sei es durch Sozialversicherungsbeiträge, durch freiwillige Leistungen an private Lebensversicherungen auf Rentenbasis oder aufgrund von Beamtenpensionen oder betrieblichen Altersversorgungen. Der Ehepartner mit dem werthöheren Altersversorgungsanspruch muß die Hälfte seines Überschusses dem anderen Ehepartner zukommen lassen.

Diese Regelung gilt übrigens auch für Eheleute, die in Gütertrennung leben. In der überwiegenden Mehrzahl der Fälle, nämlich beim Ausgleich von Sozialversicherungsrenten und Beamtenpensionen, handelt es sich schlichtweg nur um eine Umbuchung der entsprechenden Ausgleichsansprüche von Ehemann auf Ehefrau oder umgekehrt. Da in der Bundesrepublik nahezu jede zweite Ehescheidung bereits vor Ablauf von sieben Ehejahren erfolgt, halten sich der Verlust auf der einen Seite und der Gewinn auf der anderen Seite beim Ausgleich dieser Altersversorgungsansprüche in diesen Durchschnittsfällen in Grenzen. Anders dagegen verhält es sich beim Ausgleich sogenannter privater Altersversorgungen. Hier ist eine Umbuchung oder Aufteilung nach obigem Muster nicht möglich. Vielmehr muß in diesen Fällen der ausgleichspflichtige Partner den jeweils anderen Partner in eine Rentenversicherung "einkaufen". Der Ehepartner, der z.B. im Zeitpunkt der Scheidung einen Altersversorgungsanspruch (Rente) von monatlich DM 100,- auszugleichen, also zu übertragen hat, muß hierfür bei den gegenwärtigen Rentenpreisen insgesamt ca. DM 17.000,- auf den Tisch legen. Ratenzahlung ist möglich. Dies ist eine umstrittene Regelung, die 1980 das Bundesverfassungsgericht beschäftigt hat.

Das Bundesverfassungsgericht hielt die gesetzliche Regelung zwar für verfassungsgemäß, hat den Gesetzgeber aber aufgefordert, Neuregelungen zu schaffen, damit Härtefälle vermieden werden. Wie gesagt, einen gesetzlichen Anspruch auf Übertragung von Altersversorgungsansprüchen gibt es zwischen unverheirateten Lebensgefährten nicht einmal in Staaten, in denen eheähnliche Gemeinschaften einen gesicherteren Status haben als in der Bundesrepublik.

Die Frage, was hier vorteilhafter ist, Zivilehe oder eheähnliche Gemeinschaft, ist einfach zu beantworten. Wer, im Gegensatz zu seinem Partner, während der Lebensgemeinschaft keine oder nur geringe Altersversorgungsansprüche erworben hat, ist, zumindest unter dem Aspekt des Versorgungsausgleiches, besser in der Zivilehe aufgehoben (egal ob Zugewinngemeinschaft oder Gütertrennung). Sozialversicherung

Wer hingegen während der Lebensgemeinschaft größere Versicherungsansprüche erwirbt als sein Lebensgefährte, kommt im Trennungsfall besser davon, wenn er unverheiratet ist. Allerdings können auch verheiratete Paare den Versorgungsausgleich durch notariellen Vertrag ausschließen oder erheblich modifizieren. Selbstverständlich steht es umgekehrt den unverheirateten Lebensgefährten frei, vertraglich einen Versorgungsausgleich für den Fall der Trennung zu vereinbaren. Rente

Besonderheit in den den neuen Bundesländern:

Für Ehegatten, die vor dem Inkrafttreten der "Gesetzlichen Rentenversicherung" (versicherungs- und rentenrechtliche Vorschriften des Sechsten Buches, Sozialgesetzbuch) geschieden wurden oder werden, gilt das Recht des Versorgungsausgleichs insoweit nicht, das das auszugleichende Anrecht Gegenstand oder Grundlange einer vor dem Wirksamwerden des Beitritts geschlossenen wirksamen Vereinbarung oder gerichtlichen Entscheidung über die Vermögensverteilung war (Gesetzeswortlaut im Einigungsvertrag: § 6 EVertr).

Sorgerecht – Besuchsrecht

Sorgerecht in der "wilden Ehe"

In der Bundesrepublik wurde unehelichen Kindern lange Zeit der Vater vorenthalten, wenn er mit der Mutter nicht verheiratet war. Ein Besuchs- oder Umgangsrecht mit seinem leiblichen Kind stand dem "Zahlvater" bis vor kurzem in der Regel nicht zu, es sei denn, die Mutter war einverstanden. Die deutschen

Richter waren auch der Auffassung, daß ihre Entscheidung für unverheiratete Väter eine Benachteiligung im Vergleich zu verheirateten Vätern darstellt, sahen sich aber trotzdem im Recht. Das Bundesverfassungsgericht begründete dieses bis zum 6. 5. 1991 u. a. so: "Die Regelung des Umgangsrechtes des nichtehelichen Vaters mit seinem Kind ist auch mit Artikel 3 Absatz 1 GG (Grundsatz der Gleichbehandlung) vereinbar; denn angesichts der offenbaren Unterschiede in der Situation geschiedener Eltern und niemals verheirateter Eltern sind nichteheliche Väter durch die verschiedene Behandlung nicht zu Unrecht benachteiligt."

Zugegeben, der Unterschied ist offenbar, wenn der nichteheliche Vater nie mit Mutter und Kind zusammengelebt hat. Ganz so gravierend ist der Unterschied wohl dann nicht mehr, wenn unverheiratete Väter und Mütter ihr gemeinsames Kind wie Eltern mit Trauschein großgezogen haben. Warum also, so muß weiterhin gefragt werden, soll das Umgangs- und Besuchsrecht des unverheirateten Vaters nach einer "Scheidung" anders beurteilt werden als das Verkehrsrecht des ehemals verheirateten Vaters, wenn er vorher, ähnlich dem verehelichten Vater, mit Mutter und Kind ein "ordentliches" Familienleben geführt hat? Aber es blieb nicht bei dem ablehnenden Votum des Verfassungsgerichts. Mit seiner Entscheidung vom 7. 5. 91 hat das Bundesverfassungsgericht einen "Riesenschritt" zugunsten der Kinder in nichtehelichen Lebensgemeinschaften gemacht:

Das Elternrecht steht nach Art. 6 Abs. 2 Satz 1 GG "den Eltern" zu .Die Verfassungsnorm geht zwar von dem Regelfall aus, in dem das Kind mit den durch die Ehe verbundenen Eltern in einer Familiengemeinschaft zusammenlebt und Vater und Mutter das Kind gemeinsam pflegen und erziehen (BVerfGE 56, 363 <382>; 61, 358 <372>). Der Schutz des Art. 6 Abs. 2 GG greift aber auch dann ein, wenn diese Voraussetzungen nicht vorliegen. So kommt er auch der Mutter des nichtehelichen Kindes zu (vgl. BVerfGE 24, 199 <135>). Ob der Vater des nichtehelichen Kindes sich ebenfalls generell auf das Elternrecht berufen kann, bedarf hier keiner Prüfung. Die Elternstellung im Sinne dieser Grundrechtsnorm kann ihm jedenfalls dann nicht abgesprochen werden, wenn er mit dem Kind und der Mutter zusammenlebt und damit die Voraussetzungen für die Wahrnehmung seiner elterlichen

Verantwortung erfüllt (vgl. BVerfGE 56, 363 <384>; 79,203 <210>).

[...] Zwar haben die Mutter und der Vater, die mit dem Kind zusammenleben, tatsächlich die Möglichkeit, das Kind gemeinsam zu betreuen und zu erziehen. Dem Elternrecht beider Elternteile ist aber nicht schon damit genügt, daß der Gesetzgeber sie an der tatsächlichen Wahrnehmung von Elternaufgaben nicht hindert. In dieses Grundrecht wird vielmehr auch dann eingegriffen, wenn die rechtlichen Befugnisse, die zur Ausübung der Elternverantwortung erforderlich sind, einem Elternteil vorenthalten werden. Das Elternrecht bedarf der gesetzlichen Ausgestaltung, denn die Pflege und Erziehung eines Kindes setzt rechtliche Befugnisse im Verhältnis zum Kind, vor allem aber auch gegenüber Dritten, voraus. Den Eltern ehelicher Kinder und dem sorgeberechtigten Elternteil nichtehelicher Kinder stellt der Gesetzgeber diese Befugnisse in Form der in der elterlichen Sorge gebündelten Rechte zur Verfügung. Anderen Trägern des Elternrechts aus Art. 6 Abs. 2 GG darf er entsprechende Befugnisse nicht ohne rechtfertigenden Grund verweigern. Das bedeutet nicht, daß die zivilrechtlichen Vorschriften über die elterliche Sorge in ihrer konkreten Ausgestaltung durch Art. 6 Abs. 2 GG gewährleistet werden. Der Schutz des Elternrechts, das die treuhänderische Wahrnehmung der Belange des Kindes umfaßt, erstreckt sich aber auf die wesentlichen Elemente des Sorgerechts, ohne die Elternverantwortung nicht ausgeübt werden kann.

[...] Der generelle Ausschluß des gemeinsamen Sorgerechts für Eltern nichtehelicher Kinder ist nicht aus Gründen des Kindeswohls geboten; die zwingende Zuordnung zu nur einem Elternteil kann im Gegenteil das Kindeswohl erheblich beeinträchtigen.

Leben Vater und Mutter mit dem Kind zusammen und sind beide bereit und in der Lage, die Elternverantwortung zu übernehmen, so entspricht er regelmäßig dem Kindeswohl, wenn beiden Eltern das Sorgerecht zuerkannt wird. Insbesondere kann es für das Wohl des Kindes von erheblicher Bedeutung sein, daß Vater und Mutter in Schulfragen die Elternbefugnisse ausüben können. Ein gemeinsames Sorgerecht ist darüber hinaus geeignet, den Eltern ihre gemeinsame Verantwortunng für das Kind deutlich zu machen und zur Stetigkeit der Beziehungen beizutragen. Das Kind, das in einer nichtehelichen Lebensgemeinschaft aufwächst, hat deshalb ein erhebliches Interesse daran, daß die emotionalen Bindungen an seine beiden Eltern rechtlich abgesichert werden (vgl. Lempp, ZfJ 1984, S. 305 <308 f.>). [...]

Das Kind, das in der nichtehelichen Lebensgemeinschaft seiner Eltern aufwächst, entwickelt Beziehungen zu beiden Elternteilen. Der Gesichtspunkt der Stetigkeit in der Entwicklung und Erziehung des

Kindes (vgl. dazu BVerfGE 61, 358 <375 f>) gebietet es, seine gefühls-
mäßigen Bindungen bei einer Trennung der Eltern zu berücksichtigen.
Deshalb kann sich eine gemeinsame Sorge der Eltern über die Trennung hinaus für das Wohl des nichtehelichen Kindes als ebenso ent-
scheidend erweisen wie für das Wohl des ehelichen Kindes nach der
Scheidung seiner Eltern (vgl. BVerfGE 61, 358 <376 f>). [...]

Art. 6 Abs 1 GG verpflichtet zwar den Staat, Ehe und Familie vor
Beeinträchtigungen zu schützen und durch geeignete Mittel zu för-
dern. Daraus folgt jedoch nicht die Pflicht, nichteheliche Lebensgemeinschaften in jeder Hinsicht schlechter als Ehen zu behandeln
(vgl. BVerfGE 82, 6 <15>). Welche Folgerungen im einzelnen aus Art. 6
Abs. 1 GG für gesetzliche Regelungen der nichtehelichen Lebensgemeinschaft zu ziehen sind, kann dahingestellt bleiben. Eine Verpflichtung, dem durch Art. 2 Satz 1 GG geschützten Elternrecht des Vaters
und der Mutter eines nichtehelichen Kindes unter den hier gegebenen
Voraussetzungen die rechtliche Anerkennung zu verweigern, ergibt
sich aus dieser Verfassungsnorm jedenfalls nicht. Die Zulassung eines
gemeinsamen Sorgerechts in diesen Fällen würde nicht die Lebensgemeinschaft als solche, sondern nur das Eltern-Kind-Verhältnis ausge-
stalten. [...]

Demgemäß dürfen die Vormundschaftsgerichte in den Fällen, in
denen das Kind mit Vater und Mutter zusammenlebt und die Eltern
die Ehelicherklärung mit der Maßgabe beantragen, daß sie gemeinsam
die elterliche Sorge ausüben wollen, die Ehelicherklärung weder mit
der in § 1738 Abs. 1 BGB vorgesehenen Rechtsfolge aussprechen noch
mit der Begründung verweigern, daß sie wegen dieser Rechtsfolge
nicht dem Kindeswohl entspreche. Solche Verfahren sind vielmehr
auszusetzen, bis eine gesetzliche Neuregelung in Kraft tritt.

Was das Umgangs- bzw. das Besuchsrecht angeht, so haben
zwischenzeitlich die Landgerichte Bonn (NJW 1990, S. 128),
Aachen (FamRZ 1990, S. 202) und Lüneburg (FamRZ 1991,
S. 111) anerkannt, daß dem Vater des nichtehelichen Kindes
u. U. ein solches Umgangs- bzw. Besuchsrecht zusteht. Dann
nämlich, wenn es dem Wohl des Kindes entspricht.

Sorgerecht in der Zivilehe

Wo es bei der Ehescheidung um das Sorgerecht über Kinder
geht, ist schon oft böses Blut geflossen. Der Grund dafür ist folgender: Das Sorgerecht soll nur einem Elternteil zugesprochen

werden. (Allerdings sprechen sich neuerdings immer mehr Psychologen – und ihnen folgend auch Richter – für ein gemeinsames Sorgerecht nach der Scheidung aus.) Der Richter muß von Amts wegen ermitteln, welche Entscheidung (Sorgerecht für die Mutter oder für den Vater) dem Wohl des Kindes am meisten entspricht. Mütter wie Väter glauben zuweilen, die gerichtliche Entscheidung zu ihren Gunsten beeinflussen zu können, indem sie den jeweiligen "Konkurrenten" nach allen Regeln der Kunst anschwärzen und diffamieren. Solche Attacken werden einen erfahrenen Richter jedoch nur selten beeindrucken. Nicht selten hingegen hat das "Schmutzige-Wäsche-Waschen" einen Bumerangeffekt und trägt dem vermeintlichen Saubermann wegen allzu heftiger Angriffe den Stempel der Ungeeignetheit ein.

Nachfolgend einige der Gesichtspunkte, auf die es bei der Entscheidung über das Sorgerecht tatsächlich ankommt:

- Zu welchem Elternteil haben die Kinder die engere Beziehung? Ab einem Alter von 12 Jahren wird der Familienrichter das Kind zu dieser Frage selbst hören, und zwar in der Regel unter vier Augen.

- Wer hat die Kinder bisher überwiegend betreut?

- Mit der gerichtlichen Entscheidung soll möglichst vermieden werden, daß die Kinder aus ihrer bisherigen Umgebung und aus ihren bisherigen persönlichen Bindungen (Schule, Freundschaften) herausgerissen werden.

- Wer von den Elternteilen hat mehr Zeit für die Betreuung der Kinder?

- Geschwister sollen nach Möglichkeit nicht getrennt werden.

- Hat einer der Elternteile entweder das Kind oder seinen Partner oder beide mißhandelt?

Das Gericht wird in der Regel das Jugendamt beauftragen, diese und andere Fragen zu klären und eine Stellungnahme bzw. Empfehlung abzugeben. Am einfachsten ist es natürlich, wenn sich die Eltern über die Zuteilung des Sorgerechts einigen. Dem gemeinsamen Vorschlag beider Eltern wird der Richter erfahrungsgemäß immer zustimmen. Wieviel Kummer verantwortungsbewußte Eltern ihren Kindern mit einer einverständlichen Regelung ersparen können, braucht wohl nicht besonders erwähnt zu werden. Eine gesetzliche Neuregelung ist vorgesehen – und bleibt abzuwarten.

Besuchsrecht

Ein Einverständnis hinsichtlich des Sorgerechts erleichtert den Eltern auch eine gemeinsame Entscheidung über das Besuchsrecht. Können sich Vater und Mutter jedoch nicht einigen, entscheidet auch hierüber der Familienrichter, und zwar überwiegend so: Der Elternteil, bei dem das Kind nicht lebt, darf das Kind an *einem* Samstag oder Sonntag im Monat abholen und muß es nach 6 bis 8 Stunden zurückbringen. Wohnen die Eltern sehr weit auseinander, kann der nicht-sorgeberechtigte Elternteil anstelle des monatlichen Besuches einmal im Jahr 2 Wochen eine gemeinsame Ferienreise mit dem Kind machen. Kleinkinder sollen nicht beim anderen Elternteil übernachten, es sei denn der Sorgeberechtigte ist einverstanden.

Anders als beim nichtehelichen Vater steht dem ehelichen Vater nach der Trennung grundsätzlich ein Besuchsrecht zu. Auf dieses Recht kann er nicht einmal, etwa in einer Vereinbarung mit seiner geschiedenen Gattin, rechtswirksam verzichten. Das Besuchsrecht kann vom Gericht jedoch zeitlich beschränkt oder auf Dauer abgeändert werden, wenn feststeht, daß das Kind den Besuchen seelisch nicht gewachsen ist.

Ansprüche nach dem Tode eines Partners

Testament für den Lebensgefährten –
Benachteiligung von Angehörigen ?

§ 55 des Erbgesetzes in Israel lautet folgendermaßen: "Haben ein Mann und eine Frau miteinander wie Ehegatten in einem gemeinsamen Haushalt gelebt, ohne miteinander verheiratet zu sein, und ist einer von ihnen verstorben, ohne daß einer von ihnen anderweitig verheiratet war, so gilt der Überlebende als vom Erblasser testamentarisch mit demjenigen bedacht, was er im Falle der gesetzlichen Erbfolge erhalten hätte, wenn sie miteinander verheiratet gewesen wären. Etwas anderes gilt nur, wenn sich im Testament des Erblassers eine ausdrückliche oder schlüssige Anordnung gegenteiligen Inhaltes findet."

Zu deutsch heißt das: Partner einer "wilden Ehe" beerben sich in Israel kraft Gesetzes gegenseitig wie Eheleute. Dieses gilt jedoch nicht, wenn einer von beiden verheiratet ist oder aber der verstorbene Lebensgefährte in einem Testament eine anderweitige Regelung getroffen hat.

Diese gesetzliche Regelung im israelischen Erbgesetz blieb bislang ohne Nachahmung. Allerdings geht z. B. auch die Rechtsprechung in Großbritannien und in den US-Bundesstaaten Kalifornien und Washington dazu über, den überlebenden Partner einer eheähnlichen Gemeinschaft am Nachlaß zu beteiligen, wenn kein Testament oder Erbvertrag vorliegt. In der Bundesrepublik ist man von einer solchen gesetzliche Regelung, derzeit noch weit entfernt. Der bundesdeutsche "verwitwete" Lebensgefährte einer eheähnlichen Gemeinschaft hat keinen Anspruch auf Beteiligung an dem Nachlaß seines verstorbenen Partners, es sei denn, er ist vom Verstorbenen in einem Testament oder in einem Erbvertrag bedacht worden. Aber Testamente und Erbverträge nichtehelicher Lebensgefährten unterliegen zuweilen der gestrengen Prüfung unserer

Richter, wenn sich die gesetzlichen Erben, wie z. B. Ehegatten, Kinder, Eltern oder Geschwister benachteiligt fühlen. "Sittenwidrig" und "Mätressentestament" lauten die Schlagworte, und als Prüfungsmaßstab für die Gültigkeit des Testaments muß wieder einmal das "Anstandsgefühl aller billig und gerecht Denkenden" herhalten.

Unanständig und daher sittenwidrig ist ein Testament, wenn mit der Zuwendung ausschließlich der Geschlechtsverkehr belohnt oder dessen Fortsetzung erreicht werden soll. Hat dieser Gesichtspunkt bei der Abfassung des Testaments aber nur eine untergeordnete Rolle gespielt, so soll die Wirksamkeit des Testaments hieran nicht scheitern. Woher, so werden Sie zu Recht fragen, weiß man denn, welche Rolle der "niedrige Beweggrund" (Belohnung des Geschlechtsverkehrs) bei der Testamentserrichtung gespielt hat?

Auf diese Frage gibt es seit einer Entscheidung des Bundesgerichtshofes im Jahre 1970 folgende Antwort: Bei einer langjährigen "wilden Ehe" erfolgt die Erbeinsetzung des unverheirateten Partners erfahrungsgemäß nicht in erster Linie, um eine Belohnung für oder einen Anreiz zum Geschlechtsverkehr zu schaffen. Vielmehr kann die Erbeinsetzung durchaus achtenswerte Beweggründe haben. Diese Entscheidung und Argumentation des Bundesgerichtshofs hat damals große Beachtung gefunden. Bis zum Jahre 1970 wurde häufig umgekehrt argumentiert, mit der Folge, daß die überwiegende Zahl der sogenannten Geliebten-Testamente für sittenwidrig und damit unwirksam erklärt wurden. Damals noch sprach nämlich die Lebenserfahrung nach Ansicht der deutschen Richter dafür, daß mindestens die "Ehebrecher" ihre Lebensgefährten in erster Linie aus sexuellen und damit verwerflichen Gründen bedacht haben. Die praktische Konsequenz lautete: Das Geliebten-Testament war unwirksam, da die oder der Geliebte selten das Gegenteil beweisen konnten. Mit der Entscheidung aus dem Jahre 1970 hat der Bundesgerichtshof nun den Spieß zugunsten der nichtehelichen Gefährten zumindest teilweise umgedreht. Es dürfte für den gesetzlichen Erben wohl äußerst schwierig, wenn nicht unmöglich sein, dem Gericht zu beweisen, daß der Verstorbene mit der testamentarischen Verfügung "überwiegend den Geschlechtsverkehr belohnen" wollte.

Damit ist aber längst nicht gesagt, daß jedes Testament zugunsten eines hinterbliebenen nichtehelichen Lebensgefährten die Sittlichkeitsprüfung besteht. Problematisch und umstritten ist der Letzte Wille nach wie vor, wenn der Verstorbene ausschließlich oder überwiegend seinen nichtehelichen Lebensgefährten bedacht und dadurch seine Familienangehörigen von der Erbfolge ausgeschlossen hat.

Dazu folgendes Beispiel:

"Mein Letzter Wille

Hiermit bestimme ich, daß Frau Thekla Treu meine alleinige Erbin sein soll. Meine Ehefrau, von der ich seit 7 Jahren getrennt lebe, soll von jeder Erbschaft ausgeschlossen sein. Durch diese Verfügung trage ich an Frau Thekla Treu, die mir in schweren Stunden eine Stütze war, eine Dankesschuld ab.

Gezeichnet Karl Kummer"

17 Jahre nach Abfassung des Testaments verstirbt Karl Kummer. Er hinterläßt keine Kinder. Mit seiner Ehefrau Klara Kummer hat er im gesetzlichen Güterstand der Zugewinngemeinschaft gelebt. Witwe Kummer und zwei Brüder des verstorbenen Karl Kummer wollen sich nicht damit abfinden, daß Karls Lebensgefährtin Thekla Treu alles allein erben soll. Sie sind der Auffassung, daß das Testament sittenwidrig ist, und verlangen jeweils ihren gesetzlichen Erbanteil, nämlich Frau Kummer 3/4 und die Gebrüder Kummer je 1/8 des Vermögens. Das Gericht soll entscheiden. Fünf Jahre nach dem Tode von Karl Kummer geht der Rechtsstreit zwischen Thekla Treu auf der einen Seite sowie Witwe Kummer und Gebrüder Kummer auf der anderen Seite schließlich mit folgendem Urteil zu Ende:

Urteil

1. *Das Testament des Karl Kummer ist teilweise unwirksam.*

2. *Klara Kummer beerbt den Verstorbenen zu 3/4 und Thekla Treu beerbt ihn zu 1/4.*

3. *Die Gebrüder Kummer gehen leer aus.*

Begründung:

Wenn zwei Menschen über einen 50 Jahre langen Zeitraum außerhalb der Ehe zusammengelebt haben, wird man ihnen nicht ohne weiteres unterstellen können, daß sexuelle Gründe ausschlaggebend und bestimmend für die Erbeinsetzung der Lebensgefährtin gewesen sind. Jedenfalls ist die Tatsache, daß Frau Treu und Herr Kummer in einer außerehelichen sexuellen Beziehung zueinander standen, für sich allein gesehen kein Grund, Karl Kummers Letzten Willen als sittenwidrig und damit unwirksam zu bezeichnen.

Bei näherer Betrachtung und Berücksichtigung aller Umstände ergibt sich jedoch, daß das Testament trotzdem teilweise unsittlich und damit unwirksam ist. Zwar steht es grundsätzlich jedermann frei, über sein Vermögen testamentarisch nach Belieben zu verfügen. Diese Freiheit ist jedoch nicht grenzenlos. So bestimmen unsere Gesetze beispielsweise, daß dem hinterbliebenen Ehegatten mindestens der sogenannte Pflichtteil, also die Hälfte seines gesetzlichen Erbteils, auszuzahlen ist, und zwar auch dann, wenn der Verstorbene in seinem Testament etwas anderes angeordnet hat. Die Entziehung des Pflichtteils, also die völlige Enterbung, ist nur in ganz besonders begründeten Ausnahmefällen möglich.

Ein solcher Ausnahmefall war hier ohnehin nicht gegeben. Aber nicht nur die Regeln über das Pflichtteilsrecht beschränken die Freiheit, in einem Testament beliebig zu verfügen. Der Letzte Wille wird außerdem an der Elle des Anstandsgefühls gemessen. Ist es anständig und billigenswert, so muß nämlich gefragt werden, daß die Ehefrau zugunsten der Lebensgefährtin zurückgesetzt wird und gar nichts oder zumindest weniger bekommen soll, als ihr bei gesetzlicher Erbfolge zustehen würde? Wir, die Richter, meinen, daß solch eine Zurücksetzung der Ehefrau nur dann gerecht ist, wenn besondere Gründe vorliegen, die die "Bevorzugung" der Lebensgefährtin rechtfertigen. Die nichteheliche Lebensgefährtin muß beweisen, daß solche besonderen Gründe, die ihre Bevorzugung rechtfertigen, vorliegen. Kann sie das nicht, so bleibt es dabei, daß die Ehefrau das erhält, was ihr laut Gesetz zustehen würde. Eine anders lautende testamentarische Verfügung betrachten wir in solchen Fällen als unanständig und daher unwirksam.

Thekla Treu konnte uns nicht davon überzeugen, daß ihre Bevorzugung gegenüber der Ehefrau auf besonders "achtenswerten Beweggründen" beruhte. Frau Kummer ist also zu 3/4 Erbin ihres verstorbenen Mannes geworden. Damit ist aber noch nicht entschieden, wem das restliche Viertel des Nachlasses zusteht. Wir sind zu der Auffassung gelangt, daß dieses Viertel der Thekla Treu zuzusprechen ist. Zwar ist das Testament hinsichtlich der vernachlässigten Ehefrau unwirksam. Im übrigen aber ist es, soweit die Gebrüder von der Erbfolge ausgeschlossen wurden und an ihrer Stelle die Lebensgefährtin erben soll, nicht unanständig und daher zu einem Viertel wirksam. Zwar muß die Wirksamkeit des Testaments auch insoweit, als es um die Benachteiligung der Gebrüder Kummer geht, an der Elle des Anstandsgefühls gemessen werden. Aber die Benachteiligung von gesetzlichen Erben, die in einer weniger engen familienrechtlichen Verbundenheit zum Verstorbenen stehen als beispielsweise Ehegatte, Abkömmling oder Eltern, muß grundsätzlich akzeptiert werden. Etwas anderes gilt nur dann, wenn eine solche Person dem Gericht beweisen kann, daß die Benachteiligung und Zurücksetzung aus besonderen Gründen als unanständig und "sittlich untragbar" gewertet werden muß.

Die Gebrüder Kummer haben einen solchen Beweis nicht erbracht. Ihre Benachteiligung zugunsten der Lebensgefährtin Thekla Treu ist daher wirksam. Frl. Treu hat demnach Karl Kummer zu 1/4 beerbt.

gez. Die Richter des 3. Zivilsenats des Bundesgerichtshofs.

Das Bemerkenswerteste an diesem Urteil, das hier natürlich nicht im amtlichen Wortlaut, sondern in "freier Übersetzung" wiedergegeben wurde, ist die unterschiedliche Verteilung der Beweislast. Der Bundesgerichtshof hat wohlweislich nur in sehr allgemein gehaltenen Formulierungen angedeutet, was etwa als "achtenswerter Beweggrund" zugunsten der Erbeinsetzung einer nichtehelichen Lebensgefährtin anerkannt werden kann. Ebenso allgemein und unverbindlich blieben die Ausführungen darüber, was "sittlich untragbar" ist, wenn es um die "Benachteiligung entfernterer Angehöriger" geht. Die Folge ist: Wer auch immer die Beweislast trägt, begegnet in einem gerichtlichen Streit zwei Unsicherheitsfaktoren. Erstens, welche Moralvorstellung haben die jeweiligen Richter? Zweitens, genügen die Beweise, um das Gericht zu überzeugen?

Zusammenfassung:

1.   Unverheiratete Lebensgefährten genießen, anders als Eheleute, kein gesetzliches Erbrecht.

2.   Die testamentarische Erbeinsetzung eines Lebensgefährten ist möglich, mit folgenden Einschränkungen:

- Wird ein naher Angehöriger (Ehegatte, Kind oder Eltern) zu Unrecht übergangen, so ist das Testament teilweise unwirksam, es sei denn, der Lebensgefährte kann beweisen, daß er aus "achtenswerten Beweggründen" bevorzugt worden ist. Die Unwirksamkeit des Testaments erstreckt sich aber äußerstenfalls auf den Anteil am Nachlaß, der dem Benachteiligten kraft gesetzlicher Erbfolge zustehen würde.

- Ein entfernter Angehöriger (der nicht pflichtteilsberechtigt ist) muß die Benachteiligung zugunsten des Lebensgefährten akzeptieren, es sei denn, er kann das Gericht davon überzeugen, daß seine Benachteiligung beispielsweise wegen besonders aufopferungsvoller Pflege des Verstorbenen "sittlich untragbar" ist.

- Bei der Sittlichkeitsprüfung kommt es darauf an, wie eng die familienrechtliche und die persönliche Bindung zwischen Erblasser und Angehörigen einerseits sowie Erblasser und Lebensgefährten andererseits war.

- Ob und wieviel vom Vermögen des Verstorbenen für die unverheiratete Lebensgefährtin übrigbleibt, hängt schließlich auch noch vom Finanzamt ab.

Das Erbrecht des Ehegatten

Es dürfte wohl auch dem fachunkundigen Laien kein Geheimnis sein, daß Ehegatten gegenüber unverheirateten Lebensgefährten einen deutlichen Punktvorteil verbuchen können, wenn es um das Thema Erben geht. Egal, ob weitere Angehörige des Verstorbenen vorhanden sind, und unabhängig davon, was der verstorbene Gatte in einem "Letzten Willen" angeordnet hat, den Witwen und Witwern steht immer etwas zu, vorausgesetzt natürlich, es ist auch etwas da. Hat der Verblichene es gar nicht gut mit seiner Gattin gemeint und testamentarisch eine andere Person zum Alleinerben eingesetzt, so kann die Witwe bzw. im umgekehrten Fall der Witwer vom Erben die Auszahlung des sogenannten Pflichtteils verlangen. Der Pflichtteil entspricht der Hälfte des gesetzlichen Erbanteils.

Ein überlebender Ehegatte wird allerdings, wenn kein Testament vorliegt, nie Alleinerbe des verstorbenen Partners, es sei denn, der Verstorbene hatte im Zeitpunkt des Erbfalles weder Abkömmlinge noch Eltern noch Geschwister noch Großeltern. Der Grund dafür ist: Die erbrechtlichen Bestimmungen des Bürgerlichen Gesetzbuches beschränken das Erbrecht des überlebenden Ehegatten auf eine bestimmte Quote des Nachlasses. Die mehr oder weniger engen Blutsverwandten sollen nach dem Willen des Gesetzgebers ebenfalls vom Nachlaß profitieren, es sei denn, der Verstorbene hat in seinem Letzten Willen etwas anderes bestimmt. Die Höhe des Witwen bzw. Witwererbteils richtet sich danach,

- welche Verwandten neben dem überlebenden Ehegatten erben und

- in welchem Güterstand die Eheleute im Zeitpunkt des Erbfalles gelebt haben.

Da dieses Buch nicht zu einem Erbrechtsratgeber ausarten soll, will ich versuchen, mit wenigen Worten die Grundregeln des gesetzlichen Erbrechts darzulegen:

Erbrecht bei Gütertrennung

Die Ehefrau erbt neben einem gemeinsamen Kind zur Hälfte. Sind zwei Kinder vorhanden, so erhält jeder ein Drittel, bei drei Kindern jeder ein Viertel. Sind mehr als drei Kinder erbberechtigt, bleibt es dabei, daß die Ehefrau zu einem Viertel erbt. Die erbberechtigten Kinder teilen sich die übrigen 3/4 gleichmäßig.

Erbrecht bei Zugewinngemeinschaft

Die Ehefrau erbt, wenn noch erbberechtigte Abkömmlinge vorhanden sind, auf jeden Fall die Hälfte des Nachlasses. Die erbberechtigten Kinder müssen sich die andere Hälfte des Nachlasses teilen.

Wenn keine Abkömmlinge, dafür aber Eltern, Geschwister, Neffen bzw. Nichten oder Großeltern vorhanden sind, erbt die Witwe 3/4 des Nachlasses. Die übrigen erbberechtigten Verwandten teilen sich das verbleibende Viertel.

Mit diesen Hinweisen möchte ich nur zeigen, wie notwendig es von Fall zu Fall ist (insbesondere bei einer kinderlosen Ehe), einen "Letzten Willen" zu hinterlassen, wenn man eine nicht gewollte Erbfolge vermeiden will. Wer seine Ehefrau zur Alleinerbin einsetzen will, kann dieses mit einem Satz erledigen. Falls Kinder vorhanden sind, empfehle ich folgenden Text:

"Mein Letzter Wille

Hiermit setze ich meine Ehefrau zur alleinigen befreiten Vorerbin und meine Kinder zu Nacherben ein.

Gez. Karl Kummer   *15. 7. 1991"*

Sind keine Kinder vorhanden, genügt folgender Satz:

"Mein Letzter Wille

Hiermit setze ich meine Frau zur Alleinerbin über mein gesamtes Vermögen ein.

Gez. Karl Kummer"   *20.6. 1991"*

Merke jedoch:

- Auch der sogenannte befreite "Vorerbe" kann nicht grenzenlos über den Nachlaß verfügen.

- Auch ein Alleinerbe muß unter Umständen mit Pflichtteilansprüchen von Angehörigen rechnen.

- Ein Testament ist in der Regel nur gültig, wenn es entweder vom ersten bis zum letzten Buchstaben handschriftlich oder aber vor einem Notar beurkundet worden ist.

Besonderheit in den neuen Bundesländern:

Für die erbrechtlichen Verhältnisse bleibt das bisherige Recht maßgebend, wenn der Erblasser vor dem Wirksamwerden des Beitritts gestorben ist. Die Errichtung oder Aufhebung einer Verfügung von Todes wegen (z. B. Testament) wird, soweit ein solches Dokument vor dem Beitritt verfaßt oder geändert wurde, nach dem bisherigen Recht beurteilt und zwar auch dann, wenn der Erblasser nach dem Wirksamwerden des Beitritts stirbt. Dieses gilt auch für die Bindung des Erblassers an ein gemeinschaftliches Testament, sofern das Testament vor dem Wirksamwerden des Beitritts abgefaßt worden ist.

Dreißigster

Ein Trostpflaster gibt es noch für die Lebensgefährten, die von ihrem verblichenen Partner nicht testamentarisch bedacht wurden. Es entspricht der zwischenzeitlich wohl weit überwiegenden Rechtsansicht, daß auch der unverheiratete Lebensgefährte von den Erben seines verstorbenen Partners für die Dauer von 30 Tagen angemessenen Unterhalt verlangen kann, falls er vor dessen Tode mit dem Verstorbenen zusammengelebt und von ihm Unterhalt bezogen hat. Haben beide in der Wohnung des Verblichenen gewohnt, so kann der überlebende Gefährte von den Erben außerdem für die Dauer von 30 Tagen die Benutzung der Wohnung und der Hausratsgegenstände verlangen. Dieses Trostpflaster nennt der Gesetzgeber wegen der zeitlich begrenzten Dauer (30 Tage) den "Dreißigsten".

Stichwortverzeichnis

Knürr's Wegweiser   DM 9,80

Bereits erschienen :

Nr. 1: **Geld zurück vom Finanzamt**

Nr. 2: **Erfolgreicher Umgang mit Banken**

Nr. 3: **Erfolgreiche Bewerbung**

Nr. 4: **Kündigung – was dann ?**

Nr. 5: **Versicherungen**

Nr. 6: **Wilde Ehe oder Trauschein**

In Vorbereitung :

Wegweiser, die Ihnen sagen,
was Sie hier und heute <u>wissen</u> <u>müssen</u>
und <u>tun</u> <u>können</u>, wenn Sie
- eine Wohnung mieten oder vermieten
- Ihre Wohnung renovieren
- im Straßenverkehr nicht zurecht kommen
- Immobilien kaufen oder verkaufen
- sich umschulen oder weiterbilden wollen
- sich selbständig machen
- sich betrogen und geprellt fühlen
- in den Vorruhestand gehen

. . . und so weiter . . .
. . . und immer top-aktuell !